サッと作れる
小規模企業の高齢再雇用者賃金・第二退職金

特定社会保険労務士 三村正夫 著

経営書院

はじめに

　この本を手に取られた方に、深く感謝申しあげます。

　読んでいただいて、高年齢者の方へのこれまでの認識が変わり、「高年齢者の雇用こそ、少子高齢化がますます進み人手不足が深刻となる日本では、雇用対策のカギである」と感じていただければ幸いです。

　これまで多くの社長さんや人事担当者の方が、高年齢者の再雇用の賃金というと、60歳時賃金の３割か４割ダウンして、年金との併給調整を考えて賃金を決める方がほとんどではなかったかと思います。かりに再雇用者がそれがいやで退職しても、新しい方を採用すればいいと考えてきたのではないかと思います。

　現在の日本の小規模企業は、小人数でぎりぎりなところでやっているのが現状かと思います。高年齢者が退職してしまえば新しい方の採用もなかなかできず、仕事が回らなくなってきます。これが現実ではないでしょうか？大企業のように、求人すればすぐに若い人が入社してくるのであれば、一律ダウンの考え方も理解できますが、小規模企業ではそうはいかないと思われます。

　私も60歳になりましたので、高年齢者の賃金については、実感として感じることができます。これまで、社長の右腕と

して会社を支えてきて、「60歳定年再雇用につき、賃金は4割ダウンとなります」と言われれば、年金との併給調整も考えなくはないですが、正直ガックリするのが多くの高年齢者の気持ちではないでしょうか？

　ここに、納得いく物差しがあればいいでしょうが、なければ仕事への取組み態度は間違いなくダウンしてしまうのではないかと思います。

　現在の日本はなんと4人に1人が65歳以上と言われています。私のまわりでこんな話があります。役場勤めの定年前はイケイケで頑張っていた方が、定年再雇用と同時に勤務態度が別人のように変わってしまった、と。60歳や65歳での引退は、まだまだ勿体ない。65歳前後の方を見れば、まだまだ現役で働けると思われる方が、たくさんいらっしゃいませんか？

　このように、現在の人手不足の日本の現状を考えるならば、再雇用は65歳までとなっていますが、今後は70歳まで現役で働くといった考え方が主流になっていかなければ、なりたたない社会になってきたのではないかと思います。いかがでしょうか？

　私は、社会保険労務士の仕事を日常的に取り組んできました。小規模企業向け、特に悩ましい高年齢者の賃金・退職金制度などの分かりやすい本があれば喜んでいただけるのではないかと常々考えていました。今回の本こそ、高年齢者を雇

用している小規模企業の社長さんのお役にたてる本です。

　やる気が起きる賃金・退職金制度を提案し、この本を通して一人でも多くの小規模企業の社長さんや高年齢者の従業員さんへ、励ましと応援ができれば、私の最高の喜びであります。

　どうか最後まで、気軽に、肩のちからを抜いて、お読みいただけましたら幸いです。

目　次

はじめに …………………………………………………………… 1
プロローグ　人手不足の時代、高年齢者雇用こそが重要 … 9
　1．高年齢者の労働生産性はどのようなものなのか … 9
　2．従業員5人、内60歳以上3名の会社で、賃金を
　　　3・4割ダウンできるか ………………………… 12
　3．高年齢者の有効活用こそライバルとの差別化の
　　　有効な戦略かも ……………………………………… 16
第1章　高年齢者の賃金相場というのはあるのか？ …… 19
　1．厚生労働省の賃金構造基本統計調査のケース …… 19
　2．年金の支給開始にともなう年金との併給により、
　　　個人ごとに賃金は大きく違う ……………………… 35
　3．高年齢者の賃金は世間相場に当てはめにくい …… 39
　4．高年齢者の時は励ましプラス労りの視点が重要 … 40
第2章　ランチェスター戦略からみた小規模企業の賃
　　　金・退職金制度 ……………………………………… 46
　1．ランチェスター法則とは ……………………………… 46
　2．ランチェスター戦略からみた、高年齢者の賃金・
　　　退職金制度のウエイト ……………………………… 51
　3．高年齢者の賃金制度は仕事内容（職務給）にウ
　　　エイトを置くべきでは ……………………………… 55

4．小規模企業の経営は社長で100％ちかくきまる …… 57
5．高年齢者のベテランがいればお客様からみれば安心 …………………………………………… 60

第3章 マズローの5段階欲求説を賃金制度に連動させる ……………………………………… 63
1．マズローの5段階欲求説とは何か ……… 63
2．高年齢者の雇用も個人別に欲求5段階説に連動させよう！ ……………………………………… 68
3．高年齢者の活性化も5段階説に連動して考えよう！ ……………………………………………… 70

第4章 小規模企業の高年齢者の賃金の決め方（再雇用評価率の導入）………………………… 75
1．大手のように一律3割・4割ダウンは小規模企業にはなじまない ……………………………… 75
2．職務内容を基本にした決め方 …………… 85
3．賃金の基本パターンは大きく分類すると3分類に分けて考えよう！ ……………………………… 89
4．現状維持型・年金考慮型・パート型の賃金設計 … 92
5．高年齢者雇用には雇用契約書は不可避！？ ……… 95

第5章 小規模企業だからこそ考えるべき高年齢者の第二退職金制度（三村式退職金制度）……… 98
1．小規模と大企業では高年齢者の賃金制度の考え方は違うのではないか？ …………………… 98

目次

2. 高年齢者に退職金制度（第二退職金）は必要か？ ……………………………………………… 100
3. まったく新しい月額加入比例方式の退職金の考え方（三村式退職金制度・MTS） …………… 102
4. 高年齢者でも分かりやすい、誰でも自分の退職金がわかるのがいい！ ……………………… 112
5. 月額加入比例方式の退職金制度であれば、退職金の積み立て制度は不要 …………………… 114
6. 退職後はあなたの会社の協力的な応援団になっていただく …………………………………… 117

第6章 賃金制度と第二退職金制度の連動 ………… 120

1. 会社独自の賃金・退職金制度の適用される会社があなたの周りにありますか？ …………… 120
2. 高年齢者こそ退職金制度に敏感 ……………… 123
3. 賃金と退職金の連動の考え方 ………………… 124
4. 賃金・退職金の具体的な決め方 ……………… 129
5. 思い切って時給による賃金制度も、合理的な賃金の決め方です！ ………………………… 134
6. 具体的賃金シュミレーション事例 …………… 136
7. 65歳直前に退職するか65歳以降で退職するかで変わる雇用保険と老齢年金受給 …………… 160

エピローグ 高年齢者の第一定年・第二定年の考え方 … 163

1. 第二定年までいたいと思わせる仕組み ……… 163

2．退職金は第一定年時には一旦支払、再雇用と
   同時に月額加入比例方式制度に ·················· 164
3．60歳以上を新しく採用する時、活用できる助成
   金の活用も検討 ·· 166
まとめ ··· 171
巻末資料 ··· 175

書籍コーディネート
インプルーブ　小山睦男

プロローグ

「人手不足の時代、高年齢者雇用こそが重要」

1 高年齢者の労働生産性はどのようなものなのか

　社長さん、あなたの会社には60歳前後の従業員さんは何人ほどいらっしゃいますか？現在の日本は人口の４人に１人は65歳以上と言われています。従って10人前後の会社であれば２人ほどいても不思議ではないと思います。

　私は、金沢で社会保険労務士の仕事をしていますので、10名前後の会社の顧問先もたくさんあります。建設業のお客様ですと、10名の従業員のうち８名が60歳前後の会社もたくさんあります。

　そのような会社の社長さんとお話ししていると、60歳前後の従業員さんが若い人より頼りになるといったお話はよくお

聞きします。社長さんの会社の従業員さんはいかがですか？

現在の日本は、高年齢者雇用安定法の改正もあり、定年は60歳で、再雇用を希望するときは65歳まで雇用するといった会社が、ほとんどではないかと思います。

私も60歳になりました。なのでことさら思うのですが、仕事の能力が落ちたとは全然思えません。まだまだやれると思っています。そこで社長さん、60歳を超えた熟年の労働生産性とは、果たしていかなるものかと今一度真剣に考えてみたいと思います。

人事労務の世界では、一般的には人の評価は次の三つの項目で判断しているケースが多いと思います。

その一　勤怠　（日常の勤務態度）

その二　能力　（その人の仕事の能力）

その三　実績　（その人の仕事の成果）

如何ですか？この三つのポイントをじっくりみてみたいと思います。

その一の　勤怠

熟年と若い人を比較して違いはどのようなことでしょうか？

私の経験では、年配の人には多少とも態度が大きい人もいますが、熟年だから劣るということはないと思います。

その二　能力

熟年と若い人では、この潜在的な能力という視点で考えれ

ば、私は、熟年の方のほうが、勤続年数が多い分能力は高いのではないかと思っています。いかかでしょうか？

　その三　実績

　熟年と若い人とでは、年齢の若い人が体力がある分、仕事の成果である実績も、おのずから若い人の方が一般的には高い傾向が強いのではないかと思います。

　以上三つの視点で簡単ではありますが、高年齢者の仕事能力というものを比較して考えてみると、トータルとしては、60歳定年になったからといって、労働生産性がダウンしたとは思えないと思います。

　この本の読者の社長さん方も、この私と同意見ではないかと思います。

　中国の孔子が晩年に人生を振り返って言った言葉が次の内容です。（論語より）

『子曰く、吾十五にして学に志す、三十にして立つ、四十にして惑わず、五十にして天命を知る、六十にして耳順う、七十にして心の欲する所に従えども矩を踰えず。
（私は十五歳で学問を志し、三十歳で学問の基礎ができて自立でき、四十歳になり迷うことがなくなった。五十歳には天から与えられた使命を知り、六十歳で人のことばに素直に耳を傾けることができるようになり、七十歳で思うままに生きても人の道から外れるようなことはなくなった）』

　とくに60歳で人のことばに素直に耳を傾けることができる

ようになりとありますが、読者である社長さんはどのように思いましたか？正直私も孔子の本当の言わんとする意味は分かりかねますが、私自身60歳になってから思うことは、これは的を射ているとなんとなく感じることは時々あります。

このことを、この節のテーマである、労働生産性ということに当てはめて考えてみるならば、60歳になって素直な心になれるということは、逆に考えるならば、ここからが本当の意味での付加価値の高い仕事ができてくる年代になったということではないかと思います。

日本の歴史でみれば、日本地図を作った伊能忠敬は55歳から17年かけて日本全国を歩きはじめました。

また、ダスキンの創業者である鈴木清一氏は52歳でダスキンを創業して今日のダスキンを築きあげておられます。

このような事例からも、私は高年齢者の労働生産性は60歳定年になったからといって、決してダウンするものではなく、見方によっては逆にアップしていくのだと考えることができるのではないかと思っています。

2 従業員5人、内60歳以上3名の会社で、賃金を3・4割ダウンできるか

ここの節では、実際にあった私の顧問先の建設会社の事例をもとにお話ししてみたいと思います。

プロローグ 「人手不足の時代、高年齢者雇用こそが重要」

　この会社は下記のような従業員構成です。どこにでもあるような建設業の小規模企業です。

A　男性62歳　賃金　　約27万円
B　男性61歳　賃金　　約33万円
C　男性69歳　賃金　　約24万円
D　男性21歳　賃金　　約24万円
F　男性54歳　賃金　　約26万円
　　合計　　　　　　　約134万円

　60歳以上の方の賃金をみるといかがですか？若い人と変わらないのがよく理解できると思います。この会社も60歳定年を迎えた従業員Bがいましたので、老齢年金と雇用保険の高年齢雇用継続給付の受給を見据えた、60歳時賃金の4割ダウンした賃金の提案を、私は事前にしていました。その他の多くの会社のように、当然4割ダウンの賃金で、再雇用されるものと思っていましたが、最終的には社長は現状維持の結論を出されました。

　さきほどの、人員構成をよく見ていただければ、ご理解していただけると思いますが、もし60歳以上で4割賃金をダウンしていたならば、再雇用者の労働意欲を維持できるかどうか疑問が残ります。そこで社長はまだ50代で誠実な方ですので、石川県の建設業では有効求人倍率が約7倍などの状況下

の人手不足では、もし退職されたら仕事が回らなくなるなどの考えもあって、現状維持を選択されたのではないかと思います。石川県の建設業では現在求人してもなかなか人が集まらない求人難の時代です。すぐに若い人が採用できる時代であれば、賃金の見直しはできたかと思いますが、この求人難の現在は60歳再雇用4割ダウンの賃金の再設計は小規模企業では難しい時代になってきたのではないかと思います。4割ダウンの方程式が通用するのは、今後は大手企業などに限られるのではないかと私は思います。

　中には、小規模企業の社長さんで、老齢年金と高年齢雇用継続給付の受給を見据えた制度の知識をまったく知らない社長さんもおり、60歳再雇用で賃金の見直しなど考えないケースも小規模企業では見受けられます。

　社長さんいかがですか？　先程の事例で仮に従業員Bさんが4割ダウンの賃金約19万円に合意したとして、会社としては人件費が社会保険料などの効果も考えれば、毎月約15万円年間約180万円経費がうくことになってきますが、もしそれが不服で従業員Bさんが退社になれば、若い従業員を仮に採用したとしても、従業員Bさんほどの仕事がこなせるには最低3年はかかるのではないかと思います。毎月18万円の賃金を支払ったとしても、18万円の3年分648万円の投資が必要になってきます。そうであるならば、年間180万円などの目先の経費節減にとらわれることなく、今の再雇用の従業員さ

プロローグ 「人手不足の時代、高年齢者雇用こそが重要」

んに気持ちよく働いてもらった方が、経営の視点からみても重要な考え方ではないかと思います。

御社で何十年も勤務してきた方です。社長さんが考えている以上に小規模企業では重要な存在なのです。

ここの会社では過日、マイナンバーの従業員説明会をしましたが、改めて従業員さんをまじかに拝見しながら思ったことは、この誠実な社長ありての従業員さんであると感じました。なにせ皆さん日焼けしたお顔から、社長さんに似て誠実で素直な印象を感じました。

私はこの説明会のとき改めて、この社長さんだから、社長さんより年上にも関わらず働いているんだなとしみじみ思ったものです。

この本の読者である、社長さんいかがですか？ 60歳定年で退職してもらいたいと思っている従業員さんは別として、60歳再雇用の賃金一律4割・3割ダウンの賃金制度をこれから自社でも実施されますか？だからこの本を買ったんだよと言われそうです。私は、小規模企業ではこれまで何気なく実施されてきた、60歳再雇用による一律賃金ダウンの時代は終わり、それに代わる新しい考え方が必要になってきたのではないかと思っています。この本では小規模企業にマッチした再雇用の賃金制度について、さらに深く考えていきたいと思っていますので最後までお付き合い下さい。

3 高年齢者の有効活用こそライバルとの差別化の有効な戦略かも

　私のお客様でドクターの方がいらっしゃいます。ドクターに60歳を過ぎた職員さんは若い人とくらべてやはり仕事の内容はダウンしますかねと質問しました。するとドクターは間髪入れず、「三村さん60歳前後の方はしっかりした仕事をしますよ」とおっしゃっていました。また60歳定年を過ぎると、体力がかなりダウンしますかねという質問には「体力はそれほど医学的にもダウンすることはありませんよ」と力強くお話しされていました。ドクター自身現在70歳代ですが100歳まで現役で頑張るとお話しされていました。やはり、いつお会いしてもドクターは若いと感じるのは、このような考え方からくるのではないかと思います。

　松下電器のあの有名な松下幸之助さんの書物を読むと、なるほどなと感嘆するものです。松下幸之助さんが80過ぎに語られた言葉など、まさに人生の達人の味わいを感じます。社長さん気が付きませんか？高齢者の方は、年齢が上がるたびに、体力はやはりダウンしてしまいますが、人間の右脳にあると言われている、感性は年とともに磨かれていくのです。それは、まさに人生を生き抜く知恵とも言えなくはないでしょうか？

　また、ある説によると人間の脳には千億を超える神経細胞

プロローグ 「人手不足の時代、高年齢者雇用こそが重要」

があり、その脳はそれぞれ働きが違う8つの脳番地があるようです。そしてその脳は意識して使うと成長し続けるとのことで、年齢を重ねるごとに柔軟に使いやすくなる脳番地があるとのことです。その結果高齢者は目や耳の機能が衰えてくる代わりに、考えるということが得意になってくるとのことです。

いかがですか？　小規模企業の経営で考えるならば、高齢者の感性と、考えるという能力をうまく引きだして働いてもらうならば、それはまさに社長さんの会社でしかできないビジネス展開ができてくるのではないかと思います。

現在の日本では、高年齢者の雇用実態を調べてみると、大半の会社が定年後は再雇用の嘱託従業員といったイメージしかないのが現状ではないかと思います。

逆にいえば、ライバルの会社はまだまだ高年齢者の活用においては、その能力を十分に発揮させることなく65歳・70歳になったら退職してもらうといったケースが大半ではないかと思われます。

従って、この本の読者となった社長さんの会社では高齢者の従業員さんに対して、これまでの認識を大きく変えて有効活用していけば、ライバル会社にはないあなたの会社独自の差別化戦略ができてくるのではないかと思います。

そして、あなたの会社が、地域で、客層で、商品で何かの分野でナンバーワンを何か一つでも作り上げていけば、会社

の利益を同業者の中でトップクラスにまで高めていくキッカケになってくるのではないかと思います。

　このように考えていくならば、あなたの会社の高齢者の方の有効活用は、他社との差別化には最短の近道の一つではないかといえなくもないと思います。

　読者の社長さんいかがですか？三村さんなにをアホなことを言っている、世の中そんなに甘くないよといわれそうです。確かにそうですが、最近日本全国どこのレストランに行っても食事が出てくるのが遅くなったと感じるのは私だけではないと思います。今日のような人出不足の状況下の中では、高齢者の有効活用というキーワードはこれからの日本の少子高齢化社会の大きな課題解決の一つとなってくる考え方ではないかと思っています。

　社長さん、さあ一緒にこの課題の解決策をこの本をキッカケに考えてみましょう。

> **5分ノート**
>
> 「4人に1人が65歳以上の現在の日本では、高年齢者の再雇用の賃金といえば、これまで年金と高年齢雇用継続給付を考慮した賃金設計が主流でしたが、人手不足の日本では小規模企業はこの考え方での賃金の設計では、やっていけなくなった」

第1章

高年齢者の賃金
相場というのはあるのか？

1 厚生労働省の賃金構造基本統計調査のケース

　社長さん賃金相場と言われるとどのようなイメージをもたれますか？一番先に思いつくのは職安の求人データなどから賃金の相場はいくらかな？などといったパターンで考えるのではないかと思います。その他であれば商工会議所の賃金データとか、国税庁が毎年発表している「民間給与実態統計調査」など無料で調べられるデータなどが頭に思い浮かぶのではないかと思います。民間であれば有料にはなりますが、産労総合研究所などが調べた賃金データや、私の属している名古屋の北見塾の塾長である北見昌朗先生が代表である北見式賃金研究所が調べたズバリ実在賃金などからも賃金の相場はある程度つかめるのではないかと思います。

ところで私はこの本では、賃金のサンプル数も多く、インターネットで誰でも検索できてしかも無料ということで、厚生労働省が、1948年以来毎年実施している、「賃金構造基本統計調査」（以後この本では賃金センサスと表現します）のデータを活用したいと思います。毎年これだけの賃金データを調査発表している国は、おそらく日本以外にはないのではないかと思います。私の想像ですが日本人のお役所に対する従順な国民性があるから、これだけのデータが集められたのではないかと思います。

　社長さん、試しに一度ヤフーで「賃金構造基本統計調査」または「賃金センサス」と入力して見ていただければ、その膨大なデータに驚かれると思います。素人目にはどうせ、上場企業のデータしかないのではないかと思いがちですが、県別・従業員数別（10人以上100以上1,000人以上など）に、年齢別の賃金や職種別の賃金・賞与・年収など、豊富なデータが提供されています。業種別につきましては、下記の産業一覧表の内容の業種が掲載されていますので、日本のほとんどの業種が対象になると思います。

第1章　高年齢者の賃金相場というのはあるのか？

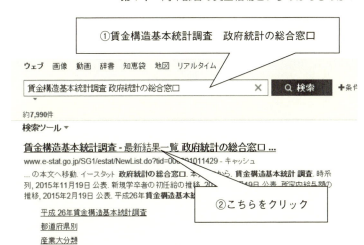

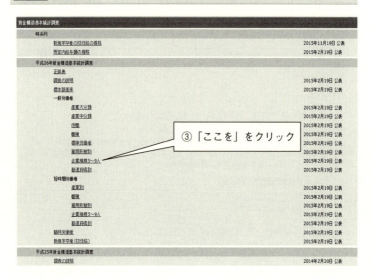

　このような、広範囲の職種のデータが公表されており、しかもアメリカのように有料ではなく、無料でいつでも閲覧できる状態になっています。このデータのなかに全国平均ではありますが、この本のテーマである小規模企業の業種別の年齢別賃金・賞与のデータが公表されています。そしてそのデータのサンプル数も数万単位ですので、十分納得のできる資料ではないかと思っています。

　もちろん、これ以上に社長さんが素晴らしいと思えるデータがあれば、それを活用すればいいと思いますが残念ながら現在の日本で無料でこれだけの情報にアクセスできるのは、

第1章 高年齢者の賃金相場というのはあるのか？

集計産業一覧表

産　　　　　　業　　　　　　計	I 56～61 小　　　売　　　業
C 鉱業、採石業、砂利採取業	I 56 各　種　商　品　小　売　業
D 建　　　　設　　　　業	＊I 57 織物・衣服・身の回り品小売業
D 06 総　合　工　事　業	I 58 飲　食　料　品　小　売　業
D 07 職別工事業（設備工事業を除く）	I 59 機　械　器　具　小　売　業
D 08 設　備　工　事　業	I 60 その他の小売業
E 製　　　　造　　　　業	＊I 61 無　店　舗　小　売　業
E 09 食　料　品　製　造　業	J 金　融　業、保　険　業
＊E 10 飲料・たばこ・飼料製造業	J 62 銀　　　　　行
E 11 繊　維　工　業	J 63 協同組織金融業
＊E 12 木材・木製品製造業（家具を除く）	＊J 64 貸金業、クレジットカード業等非預金信用機関
E 13 家　具・装　備　品　製　造　業	＊J 65 金融商品取引業、商品先物取引業
E 14 パルプ・紙・紙加工品製造業	J 66 補　助　的　金　融　業　等
E 15 印　刷・同　関　連　業	J 67 保険業(保険媒介代理業、保険サービス業を含む)
E 16 化　　　学　　　工　　　業	K 不　動　産　業、物　品　賃　貸　業
＊E 17 石油製品・石炭製品製造業	＊K 68 不　動　産　取　引　業
E 18 プラスチック製品製造業（別掲を除く）	K 69 不動産賃貸業・管理業
＊E 19 ゴ　ム　製　品　製　造　業	＊K 70 物　品　賃　貸　業
＊E 20 なめし革・同製品・毛皮製造業	L 学術研究、専門・技術サービス業
E 21 窯業・土石製品製造業	L 71 学術・開発研究機関
E 22 鉄　　　　　鋼　　　　　業	L 72 専門サービス業（他に分類されないもの）
E 23 非　鉄　金　属　製　造　業	L 73 広　　　　告　　　　業
E 24 金　属　製　品　製　造　業	L 74 技術サービス業（他に分類されないもの）
E 25 はん用機械器具製造業	M 宿泊業、飲食サービス業
E 26 生産用機械器具製造業	M 75 宿　　　泊　　　業
E 27 業務用機械器具製造業	M 76 飲　　　食　　　店
E 28 電子部品・デバイス・電子回路製造業	＊M 77 持ち帰り・配達飲食サービス業
E 29 電気機械器具製造業	N 生活関連サービス業、娯楽業
E 30 情報通信機械器具製造業	N 78 洗濯・理容・美容・浴場業
E 31 輸送用機械器具製造業	N 79 その他の生活関連サービス業
E 32 そ　の　他　の　製　造　業	N 80 娯　　　楽　　　業
F 電気・ガス・熱供給・水道業	O 教　　育、学　習　支　援　業
F 33 電　　　気　　　業	O 81 学　　校　　教　　育
＊F 34 ガ　　　ス　　　業	O 82 その他の教育、学習支援業
＊F 35 熱　　供　　給　　業	P 医　　療、福　　祉
＊F 36 水　　道　　業	P 83 医　　　療　　　業
G 情　　報　　通　　信　　業	＊P 84 保　健　衛　生
＊G 37 通　　　信　　　業	P 85 社会保険・社会福祉・介護事業
G 38 放　　　送　　　業	Q 複　合　サ　ー　ビ　ス　事　業
G 39 情　報　サ　ー　ビ　ス　業	＊Q 86 郵　　　便　　　局
＊G 40 インターネット附随サービス業	Q 87 協同組合（他に分類されないもの）
G 41 映像・音声・文字情報制作業	R サービス業（他に分類されないもの）
H 運　輸　業、郵　便　業	R 88 廃　棄　物　処　理　業
H 42 鉄　　　道　　　業	R 89 自　動　車　整　備　業
H 43 道　路　旅　客　運　送　業	R 90 機械等修理業（別掲を除く）
H 44 道　路　貨　物　運　送　業	R 91 職業紹介・労働者派遣業
＊H 45 水　　運　　業	R 92 その他の事業サービス業
＊H 46 航　　空　　運　　輸　　業	＊R 93 政　治・経　済・文　化　団　体
＊H 47 倉　　　庫　　　業	＊R 94 宗　　　　　　　　　　教
H 48 運輸に附帯するサービス業	＊R 95 そ　の　他　の　サ　ー　ビ　ス　業
＊H 49 郵便業（信書便事業を含む）	
I 卸　　売　　業、小　　売　　業	産　業　計（民・公営計）
I 50～55 卸　　　　売　　　　業	F 電気・ガス・熱供給・水道業（民・公営計）
＊I 50 各　種　商　品　卸　売　業	＊F 33 電　気　業（民・公営計）
I 51 繊維・衣服等卸売業	＊F 34 ガ　ス　業（民・公営計）
I 52 飲　食　料　品　卸　売　業	＊F 36 水　道　業（民・公営計）
I 53 建築材料、鉱物・金属材料等卸売業	H 運輸業、郵便業（民・公営計）
I 54 機　械　器　具　卸　売　業	＊H 42 鉄　道　業（民・公営計）
I 55 そ　の　他　の　卸　売　業	＊H 43 道路旅客運送業（民・公営計）

私はこのサイトだけではないかと思っています。

例えば、ネットで開くと全国平均である産業計のケースですと下記のようなデータ（平成26年度版活用）が出てきます。先程の一覧表にあるように、例えば建設業には総合工事業・職別工事業（設備工事業を除く）・設備工事業などの業種が含まれています。

いかがでしょうか？この表をよく見ると年齢別賃金、賞与などがよく分かります。また、労務管理としては残業時間数や残業を含んだ賃金などのデータも分かるということです。日本にはこんな素晴らしい資料データがあったのです。これを活用しない手はないと思います。以外と同業者の方でもこのデータのことをご存知ない方もおられます。

このデータをご覧いただければ分かりますが、男女別、年齢別、高校・大学などの学歴別などに、データが細分化されています。この本では、学歴別ではなくその総合の学歴計のデータを活用したいと思います。この本に紹介のデータも男女計で約100万人のサンプルデータですので、データとしてもかなり信頼性が高いものであると思います。

これらのデータを見れば社長さんの業種の賃金水準がある程度見えてくると思います。民間の企業で約100万人近いデータを集計するのは極めて難しいのではないかと思っています。

第1章　高年齢者の賃金相場というのはあるのか？

平成20年賃金構造基本統計調査
(5～9人) 第1表　年齢階級別きまって支給する現金給与額、所定内給与額及び年間賞与その他特別給与額（企業規模5～9人）

表頭分類　01
産業　産業計

男女計

区　分	年齢	勤続年数	所定内実労働時間数	超過実労働時間数	きまって支給する現金給与額	所定内給与額	年間賞与その他特別給与額	労働者数
	歳	年	時間	時間	千円	千円	千円	十人
50～54歳	52.5	14.9	173	6	307.5	297.8	417.7	10 522
55～59歳	57.4	17.7	174	6	308.4	288.1	346.3	10 355
60～64歳	62.5	19.6	172	4	263.5	256.3	229.5	8 577
65～69歳	66.9	21.9	172	2	247.3	242.4	180.4	4 666
70歳～	73.8	28.3	171	3	239.8	235.6	117.8	2 367

男

区　分	年齢	勤続年数	所定内実労働時間数	超過実労働時間数	きまって支給する現金給与額	所定内給与額	年間賞与その他特別給与額	労働者数
	歳	年	時間	時間	千円	千円	千円	十人
50～54歳	52.4	15.3	176	7	337.1	325.1	426.9	6 739
55～59歳	57.4	18.0	176	7	326.3	314.2	334.1	7 129
60～64歳	62.6	19.0	176	5	280.9	272.4	212.1	6 160
65～69歳	66.8	21.2	175	3	259.5	254.0	144.6	3 121
70歳～	73.4	26.8	169	4	250.4	245.2	98.7	1 450

女

区　分	年齢	勤続年数	所定内実労働時間数	超過実労働時間数	きまって支給する現金給与額	所定内給与額	年間賞与その他特別給与額	労働者数
	歳	年	時間	時間	千円	千円	千円	十人
50～54歳	52.5	14.2	167	3	254.6	249.3	401.2	3 783
55～59歳	57.4	17.2	170	4	236.6	230.2	373.3	3 226
60～64歳	62.4	21.1	165	3	219.0	215.4	273.7	2 417
65～69歳	67.0	23.4	167	2	222.5	218.9	252.7	1 546
70歳～	74.4	30.6	173	2	223.0	220.4	147.9	917

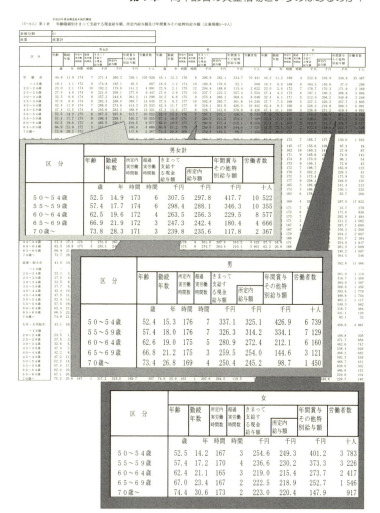

次に、この本で注目したいのは、高年齢者の賃金相場ということで、50歳から60歳・65歳・70歳と推移していく中での各年齢における賃金データについてじっくり眺めてみたいと思います。

　この表の中で、決まって支給する現金給与額とは、労働契約、労働協約あるいは事業所の就業規則などによってあらかじめ定められている支給条件、算定方法によって6月分として支給された現金給与額になります。現金給与額には、基本給、職務手当、精皆勤手当、通勤手当、家族手当などが含まれるほか、超過労働給与額も含まれています。次に所定内給与額とは、決まって支給する現金給与額のうち、超過労働給与額を差し引いた額、いわゆる残業代を除いた額ということになります。簡単にいえば、決まって支給する現金給与額が残業代を含む支給総額、所定内給与額がそこから残業代を控除した額であると考えれば理解しやすいのではないかと思います。年間賞与その他特別給与額とは、昨年一年間における賞与、期末手当等特別給与額であり、いわゆるボーナスです。

　社長さんいかがでしょうか？この賃金センサスのイメージ、見方がぼんやりと見えてきたのではないかと思います。仮にネットに弱い社長さんでも大丈夫ですから、是非チャレンジしていただきたいと思います。

　この本で掲載したデータをみていただければ、全国の産業計の60歳代のかたの賃金相場というのが少し見えてきたので

はないかと思います。この本のデータは社長さんが思っていた金額より高い又は低い、どちらに感じましたか？この感じ方に社長さんの今までの賃金の相場感が表れてきていると思います。企業規模5人から9人の産業計の男女計のデータを見るとザックリ60歳直前の全国平均は約30万円であることが見えてきます。

　ところで、読者の皆さんが興味をいだく自分の会社の業種はどのような賃金額なのか大変興味を持たれたと思います。なので、代表的な業種である製造業・サービス業・小売り業などの小規模事業所の賃金データを掲載したいと思います。その他の業種については賃金センサスのデータに詳細に出ておりますので参考にできると思います。

[5～9人] 第1表　年齢階級別きまって支給する現金給与額、所定内給与額及び年間賞与その他特別給与額（企業規模5～9人）

表領分別　01
産業　D)建設業

男女計

区分	年齢	勤続年数	所定内実労働時間数	超過実労働時間数	きまって支給する現金給与額	所定内給与額	年間賞与その他特別給与額	労働者数
	歳	年	時間	時間	千円	千円	千円	十人
50～54歳	52.5	13.7	174	6	315.1	304.3	393.7	2 185
55～59歳	57.4	15.6	177	6	290.9	279.4	247.6	2 793
60～64歳	62.5	18.7	175	3	279.4	272.8	157.6	2 283
65～69歳	66.7	18.1	175	2	250.0	246.1	131.6	1 222
70歳～	73.2	25.9	174	1	255.8	253.6	86.5	454

男

区分	年齢	勤続年数	所定内実労働時間数	超過実労働時間数	きまって支給する現金給与額	所定内給与額	年間賞与その他特別給与額	労働者数
	歳	年	時間	時間	千円	千円	千円	十人
50～54歳	52.6	13.5	175	7	331.3	319.1	406.8	1 838
55～59歳	57.3	15.7	179	7	309.9	296.4	238.4	2 323
60～64歳	62.6	18.0	176	3	280.3	272.9	161.9	2 040
65～69歳	66.7	16.3	175	2	250.9	246.6	124.3	1 104
70歳～	72.6	22.1	172	1	259.7	256.9	47.3	361

女

区分	年齢	勤続年数	所定内実労働時間数	超過実労働時間数	きまって支給する現金給与額	所定内給与額	年間賞与その他特別給与額	労働者数
	歳	年	時間	時間	千円	千円	千円	十人
50～54歳	52.4	14.7	171	3	229.6	225.9	324.2	347
55～59歳	57.6	14.8	171	1	197.1	195.5	292.9	470
60～64歳	62.1	24.8	169	1	271.7	271.2	121.1	243
65～69歳	66.8	35.0	169	0	242.3	242.3	200.4	117
70歳～	75.4	40.9	183	0	240.9	240.9	239.2	93

第1章 高年齢者の賃金相場というのはあるのか？

平成28年賃金構造基本統計調査
(5～9人) 第1表 年齢階級別きまって支給する現金給与額, 所定内給与額及び年間賞与その他特別給与額 (企業規模5～9人)

表頭分類 01
産業 E製造業

男女計

区 分	年齢	勤続年数	所定内実労働時間数	超過実労働時間数	きまって支給する現金給与額	所定内給与額	年間賞与その他特別給与額	労働者数
	歳	年	時間	時間	千円	千円	千円	十人
50～54歳	52.5	15.0	176	8	286.3	273.1	315.7	1 923
55～59歳	57.4	19.5	174	7	301.4	288.5	260.7	1 981
60～64歳	62.6	19.5	174	5	242.8	235.1	204.5	1 850
65～69歳	66.9	24.4	170	4	239.7	234.6	141.2	1 124
70歳～	73.4	30.4	174	5	231.0	224.3	156.0	664

男

区 分	年齢	勤続年数	所定内実労働時間数	超過実労働時間数	きまって支給する現金給与額	所定内給与額	年間賞与その他特別給与額	労働者数
	歳	年	時間	時間	千円	千円	千円	十人
50～54歳	52.5	15.0	178	10	319.2	302.3	338.7	1 394
55～59歳	57.4	19.5	173	8	332.0	316.7	296.3	1 436
60～64歳	62.6	19.5	176	6	267.7	257.9	216.5	1 316
65～69歳	66.9	24.1	172	5	269.6	258.4	121.3	681
70歳～	73.1	33.2	172	4	263.7	257.4	160.0	386

女

区 分	年齢	勤続年数	所定内実労働時間数	超過実労働時間数	きまって支給する現金給与額	所定内給与額	年間賞与その他特別給与額	労働者数
	歳	年	時間	時間	千円	千円	千円	十人
50～54歳	52.5	15.0	170	2	199.6	196.2	254.9	529
55～59歳	57.4	19.5	174	4	220.9	214.4	167.0	545
60～64歳	62.6	19.5	168	3	181.5	178.7	175.0	534
65～69歳	66.9	24.8	167	2	200.0	197.9	171.7	443
70歳～	73.9	26.6	177	6	185.8	178.5	150.4	279

29

平成19年賃金構造基本統計調査
(5~9人) 第1表 年齢階級別きまって支給する現金給与額、所定内給与額及び年間賞与その他特別給与額（企業規模5~9人）

表頭分割 01
産業 I 卸売業、小売業

区 分	年齢	勤続年数	所定内実労働時間	超過実労働時間	きまって支給する現金給与額	所定内給与額	年間賞与その他特別給与額	労働者数
	歳	年	時間	時間	千円	千円	千円	十人
50～54歳	52.3	16.5	178	3	306.7	301.5	483.3	2 117
55～59歳	57.5	19.6	175	6	294.2	288.2	444.5	1 902
60～64歳	62.3	21.9	174	6	246.5	240.2	277.1	1 423
65～69歳	67.0	28.4	178	3	258.0	253.0	161.9	827
70歳～	73.8	33.9	172	1	203.5	202.0	46.9	452

男

区 分	年齢	勤続年数	所定内実労働時間	超過実労働時間	きまって支給する現金給与額	所定内給与額	年間賞与その他特別給与額	労働者数
	歳	年	時間	時間	千円	千円	千円	十人
50～54歳	52.3	16.7	180	3	345.8	340.5	547.0	1 335
55～59歳	57.6	20.9	178	4	323.6	317.8	453.5	1 239
60～64歳	62.5	23.0	175	6	273.0	267.2	296.0	884
65～69歳	66.9	28.9	180	3	265.0	259.3	131.2	565
70歳～	73.5	34.2	173	1	214.3	211.9	53.2	263

女

区 分	年齢	勤続年数	所定内実労働時間	超過実労働時間	きまって支給する現金給与額	所定内給与額	年間賞与その他特別給与額	労働者数
	歳	年	時間	時間	千円	千円	千円	十人
50～54歳	52.3	16.0	176	4	239.9	235.9	374.4	782
55～59歳	57.3	17.2	171	6	239.3	232.9	427.7	663
60～64歳	61.9	20.1	173	7	203.3	196.1	246.1	540
65～69歳	67.1	27.4	175	3	243.2	239.3	227.7	263
70歳～	74.3	33.5	172	0	188.4	188.4	38.2	189

30

第1章 高年齢者の賃金相場というのはあるのか？

平成28年賃金構造基本統計調査
(5～9人) 第1表 年齢階級別きまって支給する現金給与額, 所定内給与額及び年間賞与その他特別給与額（企業規模5～9人）

表頭分類	01
産業	M宿泊業, 飲食サービス業

男女計

区分	年齢	勤続年数	所定内実労働時間数	超過実労働時間数	きまって支給する現金給与額	所定内給与額	年間賞与その他特別給与額	労働者数
	歳	年	時間	時間	千円	千円	千円	十人
50～54歳	52.4	15.0	195	3	243.0	238.8	68.5	266
55～59歳	57.7	15.7	196	4	225.2	220.0	117.0	343
60～64歳	62.7	21.5	186	2	249.4	246.7	47.5	422
65～69歳	67.2	15.2	168	2	183.6	181.2	29.1	248
70歳～	73.1	28.5	173	1	199.9	198.7	36.0	189

男

区分	年齢	勤続年数	所定内実労働時間数	超過実労働時間数	きまって支給する現金給与額	所定内給与額	年間賞与その他特別給与額	労働者数
	歳	年	時間	時間	千円	千円	千円	十人
50～54歳	51.7	13.3	201	3	262.0	257.6	102.3	158
55～59歳	57.7	12.9	206	6	246.2	239.0	64.2	182
60～64歳	62.9	21.4	201	2	292.7	289.8	25.3	255
65～69歳	67.0	21.6	193	0	239.7	239.2	26.5	64
70歳～	73.2	21.1	189	0	224.8	224.5	31.9	61

女

区分	年齢	勤続年数	所定内実労働時間数	超過実労働時間数	きまって支給する現金給与額	所定内給与額	年間賞与その他特別給与額	労働者数
	歳	年	時間	時間	千円	千円	千円	十人
50～54歳	53.4	17.5	187	4	215.2	211.2	19.0	108
55～59歳	57.7	18.9	191	2	201.3	198.5	176.7	161
60～64歳	62.4	21.7	164	2	183.6	181.1	81.3	168
65～69歳	67.2	12.9	160	3	164.0	160.9	30.1	184
70歳～	73.0	32.1	165	1	187.9	186.3	38.0	128

如何でしょうか？これらのデータをみると60歳未満の小規模企業の業種別の賃金格差は結構開きがあるのですが、この60歳定年で再雇用となってくると思われる60歳代の賃金のデータに、先程の業種別の40代・50代のような賃金格差が少なくなってきている傾向が読み取れます。

　これが、賃金データから見えてくる、高年齢者の賃金の現実の姿ではないかと思います。

　このデータからも日本の高年齢者再雇用の処遇がやや軽んじられている現実が見えてくるのではないかと思います。

　それに対し大企業のデータを小規模企業の産業計と比較して見てみたいと思います。

　社長さん大企業の産業計はやはり小規模企業からみれば現役時代また再雇用の60代ともに小規模企業をうわまっている現実が見えてきます。60歳直前の賃金が約47万円でさきほどの小規模企業の約30万円との違いがいかに大きいか理解できます。

　ご参考のために、平成26年度の規模別・性・年齢階層別の賃金センサスのグラフのデータは下記の内容です。

第1章 高年齢者の賃金相場というのはあるのか？

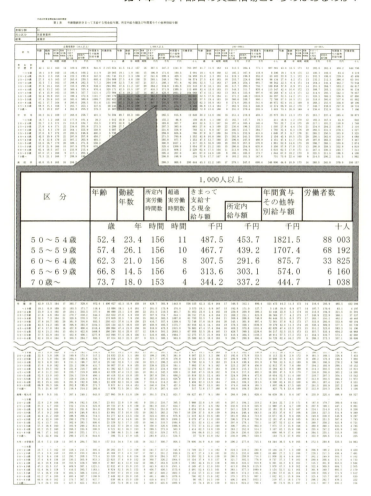

区　分	1,000人以上						
	年齢	勤続年数	所定内実労働時間数	超過実労働時間数	きまって支給する現金給与額		年間賞与その他特別給与額	労働者数
						所定内給与額		
	歳	年	時間	時間	千円	千円	千円	十人
50～54歳	52.4	23.4	156	11	487.5	453.7	1821.5	88 003
55～59歳	57.4	26.1	156	10	467.7	439.2	1707.4	68 192
60～64歳	62.3	21.0	156	8	307.5	291.6	875.7	33 825
65～69歳	66.8	14.5	156	6	313.6	303.1	574.0	6 160
70歳～	73.7	18.0	153	4	344.2	337.2	444.7	1 038

33

第4図 企業規模、性、年齢階級別賃金

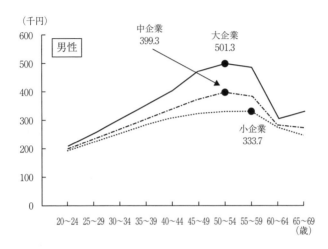

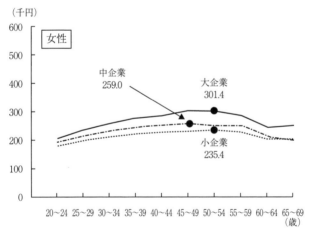

これが日本の大企業と小規模企業の実態です、毎月の賃金6割・年収3割が大企業からみた、小規模企業の賃金実態なのです。

2 年金の支給開始にともなう年金との併給により、個人ごとに賃金は大きく違う

社長さん、前節で公的賃金データからの、高年齢者の賃金の相場というものを考えてみましたが、ここで一つ考えなければならないのが、60代は老齢年金の受給が始まる世代であるということです。

従って、60歳定年再雇用においては、老齢年金がもらえますから、その分まで働かなくても生活ができるので、60歳定年再雇用と同時に、4割・3割賃金がダウンしても働いているという熟年の方も多いという現実です。

このことを、逆に考えてみると、老齢年金額で会社の賃金が決まってしまっているといったことが生じてきています。そもそも本来の労働能力により、賃金を決めるのではなく、老齢年金受給額が賃金額を決めるという、ある意味老齢年金の額によって賃金を多くする少なくするといった、本来の労働の対価と別の不可思議な賃金相場の世代でもあります。

社長さんいかが思われましたか？なにかおかしいと思うのは、私だけではなく社長さんも同じだと思います。

ところが、現在の日本では、この考え方で、大半の高年齢者の賃金が決定されているのです。

この仕組みについて、簡単に見てみたいと思います。

厚生年金金額の受給開始年齢

	60歳	61歳	62歳	63歳	64歳	65歳
男性:昭和16年4月1日以前生まれ / 女性:昭和21年4月1日以前生まれ	報酬比例部分の年金 / 定額部分の年金					老齢厚生年金 / 老齢基礎年金
男性:昭和16年4月2日〜昭和18年4月1日生まれ / 女性:昭和21年4月2日〜昭和23年4月1日生まれ						
男性:昭和18年4月2日〜昭和20年4月1日生まれ / 女性:昭和23年4月2日〜昭和25年4月1日生まれ						
男性:昭和20年4月2日〜昭和22年4月1日生まれ / 女性:昭和25年4月2日〜昭和27年4月1日生まれ						
男性:昭和22年4月2日〜昭和24年4月1日生まれ / 女性:昭和27年4月2日〜昭和29年4月1日生まれ						
男性:昭和24年4月2日〜昭和28年4月1日生まれ / 女性:昭和29年4月2日〜昭和33年4月1日生まれ						
男性:昭和28年4月2日〜昭和30年4月1日生まれ / 女性:昭和33年4月2日〜昭和35年4月1日生まれ						
男性:昭和30年4月2日〜昭和32年4月1日生まれ / 女性:昭和35年4月2日〜昭和37年4月1日生まれ						
男性:昭和32年4月2日〜昭和34年4月1日生まれ / 女性:昭和37年4月2日〜昭和39年4月1日生まれ						
男性:昭和34年4月2日〜昭和36年4月1日生まれ / 女性:昭和39年4月2日〜昭和41年4月1日生まれ						
男性:昭和36年4月2日以降生まれ / 女性:昭和41年4月2日以降生まれ						

※ 共済年金の受給開始年齢は男性と女性の区別なく、上記の厚生年金の男性と同様に引上げられます。

この表からもご理解できると思いますが、昭和36年4月2日（女性は5年遅れ）以降の生まれの方は、老齢年金は65歳からしか受給できなくなっていますので、この世代の方は再雇用で契約しても年金額のことは気にしなくてもよく、老齢年金からの賃金の決定の考え方は不要であるかと思います。但し、65歳以降も継続勤務するときは、下記の表のように、年金月額と毎月の賃金の標準報酬額との合計額が47万円をこ

えなければ、年金の調整はありませんので、65歳以降は大半のサラリーマンは、老齢年金との調整の対象ではなくなってくると思われます。下記の表をじっくりみてみましょう。

仕組の表

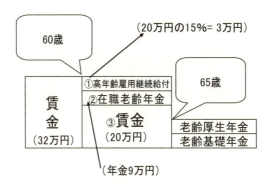

※ 在職老齢年金と高年齢雇用継続給付の併給調整があります
（例では、1.2万円が支給停止）
※ （①＋②＋③）は32万円となりますが、税金・社会保険料は計算していません
※ 在職老齢年金は、年金が年額120万円、60歳到達前1年間の賞与支払額が0円の条件で試算しています

　この表のように、60歳から65歳までの方は高年齢雇用継続給付という制度があります。これは60歳到達時賃金の約4割以上ダウンしたのであれば、雇用保険制度として毎月ダウンした賃金の15％が高年齢雇用継続給付金として支給されるというものです。
　いかがでしょうか？このように、高年齢者の年齢によっては、在職老齢年金との併給調整や、高年齢雇用継続給付の受

「65歳まで」

		支 給 停 止 額
総報酬月額相当額+基本月額28万円以下		支給停止は、なし
総報酬月額相当額+基本月額28万円超		1月について以下の金額を支給停止
基本月額28万円以下	総報酬月額相当額が47万円以下	(総報酬月額相当額+基本月額-28万円) × 1/2
	総報酬月額相当額が47万円超	(47万円+基本月額-28万円) × 1/2 + (総報酬月額相当額-47万円)
基本月額28万円超	総報酬月額相当額が47万円以下	総報酬月額相当額 × 1/2
	総報酬月額相当額が47万円超	47万円 × 1/2 + (総報酬月額相当額-47万円)

総報酬月額相当額 = 受給権者が被保険者である月の標準報酬月額+その月以前1年間の標準賞与額の合計 × 1/12
基本月額 = 年金額(加給年金額を除く) × 1/12で、個人毎に異なります。

「65歳以降」

	支 給 停 止 額
総報酬月額相当額+基本月額47万円以下	支給停止は、なし
総報酬月額相当額+基本月額47万円超	1月について以下の金額を支給停止
(但し、65歳からの老齢基礎年金は支給停止条件はありません)	(総報酬月額相当額+基本月額-47万円) × 1/2

給まで考えた雇用対策が、再雇用の賃金決定の場面ではよくある対策となっています。

　ここでさきほどの、大企業と小規模企業のデータをよく見ていただきたいのですが、60歳時の賃金と比較して、大企業では60歳以降の賃金額が約65％にダウン、また小規模企業が約85％のダウン水準となっています。これは何を意味するかといえば、大企業は、再雇用者のほとんどの従業員が老齢年金と高年齢雇用継続給付との併給調整を考えた賃金になっているのに対して小規模企業は、大企業ほど併給調整を考えた賃金決定にはなっていないという現実が見えてきます。

このデータからも小規模企業では、定年再雇用で賃金を3割4割ダウンする考え方は当てはまらなくなっているのだと思われます。

3 高年齢者の賃金は世間相場に当てはめにくい

社長さんいかがですか？前節の老齢年金による賃金というものを考えていくと、一つの結論が見えてくると思います。そうなんです、高年齢者の賃金は世間相場に当てはめにくいということです。なぜなら本来の業種における労働の対価による賃金ではなく老齢年金と高年齢雇用継続給付の受給額によって個人ごとにバラバラに賃金額が決定されているケースが大半なので、賃金データからの相場は基本的には高年齢者の賃金決定の場面ではあまり参考にならないのではないかと思います。従って高年齢者の賃金データは単なる業種ごとの平均であると考えざるを得ないのではないかと思います。

ただし、65歳からは、賃金と老齢厚生年金の併給が47万円の限度額にアップしてくるし、高年齢雇用継続給付も受給できなくなってくるので、賃金データの相場は60歳代前半のデータからみれば、世間相場にかなり近づいてくるのではないかと思っています。

社長さんいかがですか？現在の日本の法律は65歳までの定年か定年制度なしか65歳までの再雇用の義務化になっていま

す。ですから、高年齢者の再雇用の賃金は60歳前半と後半では若干考え方が変わってくるということをご理解していただきたいと思います。

65歳から何歳まで雇用するか義務化になっていませんが、日本における人手不足による労働人口の構造変化によって個々の企業で対応が違ってくると思います。少なくとも70歳まで雇用という視点も今後は重要な雇用対策のキーワードの一つになってくるのではないかと思います。

4 高年齢者の時は励ましプラス労りの視点が重要

社長さんこれまで高年齢者の賃金について考えてきましたが、私が自分の顧問先にいつもお話している、従業員さんに支払う報酬であるお金の考え方についても記載したいと思います。ご参考になれば幸いです。

私は、人が働いて得られる本当の報酬には、次の五つがあると思います。

①**感動**（お客様からありがとうと言って感動してもらえること）

②**お金**（豊かに生活をするため、昇給・昇格などの賃金による評価）

③**成長**（去年よりも今年の自分が成長していると実感する

こと)
④信頼(この仕事を通して、お客様に、同僚に、社長さんに評価されていると思うこと)
⑤愛情(社長さんの会社に勤務することにより得られることができる人間関係・絆)

このように考えると、毎月の賃金は、働いて得られる報酬の一部でしかないのではないかと思います。社長さん上記のお金以外の報酬が従業員さんにはたして十分与えられていたでしょうか?もし、あまりないと思われた社長さんであれば、明日からでもすぐにできます。

経費のあまりかからない、このような社長さんの五つの心の報酬を従業員さんにいっぱい渡す工夫をされるべきではないかと思っています。

私の顧問先で従業員さんの賃金が世間相場から1割から2割ほど少ないにも関わらず、何故か退職する人が少ない会社があります。その社長さんによく聞くとなるほどと思えるような、お金以外の報酬の小切手をいっぱい振り出しておられます。

次に、このような視点で高年齢者再雇用の従業員さんの日常の対応を考えてみたいと思います。高年齢者再雇用の従業員さんが、もしかしたら、社長さんが2代目で先代の社長さんからの古参の従業員さんがおられるようなケースもよくあると思います。

過日ある2代目の社長さんとお話ししていたら、15年前に父から会社を受け継いで、その当時からいた古参の二人の従業員さんの処遇には大変苦労したとしみじみお話しされていました。その理由は、自分が新しいことを提案しても、それはおかしいとか、先代ならこうするだろうとか言われて、やりにくかったとお話しされていました。

　なるほどなと思いました。60代の従業員さんともなれば、社長さんより年配の従業員さんであるケースも多いのではないかと思います。

　社長さんの会社はどうですか？実は私は、ここが高年齢者再雇用の、もっとも大事な考え方の一つになってくるのではないかと思います。では三村さんどのように対応したらいいか名案を記載してくれと多くの社長さんは思われたのではないかと思います。

　実は私も、60歳になりましたので、私が従業員の立場に立ったとして、会社からどのように扱われたらやる気がでるかでないか考えてみたいと思います。

　その1　自分の意見やこれまでの会社への貢献を理解してくれる
　その2　多少の肉体的衰えを理解してくれる
　その3　60歳再雇用だからといって賃金をいきなり3割4割ダウンしないでほしい

第1章 高年齢者の賃金相場というのはあるのか？

　その1につきましては、60代になると、頑固な面も多くなってくる年代かもしれませんが、自分の意見が通る通らないは別として、真摯に聞く耳をもってほしいと私なら思います。

　その2につきましては、やはり頭も白髪が多くなり疲れやすくなってくるといったことは、若い人には実感として理解できないと思いますが、決して仕事に対して手を抜いているわけではないということです。

　その3につきましては、やはり年金など受給があったとしても再雇用ということで、いきなり3割4割ダウンは正直納得できないと思います。仕事の内容が3割4割ダウンしているかといいたくなると思います。

　いかがですか？私の正直な気持ちを記載してみました。おそらく、私のように感じている熟年が大半ではないかと思います。

　ですから、私の私見になりますが、上記の三つの解決策を考えればいくらか見えてくるのではないかと思います。

　その1については、これまでの仕事の内容を尊重してさらに専門性の高い仕事をしてもらうなど専門性の向上を求める。基本的に60歳以降の方に新しい業務をしてもらうのには無理があると思います。

　その2については、残業はさせないなどの労働時間対策や、工場であれば危険な業務などは少なくしていくといった対応が求められると思います。

その３については、いきなり賃金ダウンではなく、毎年の実績を判断してもらってそのうえで、ダウンならダウン、逆にアップならアップといいった取り組みが必要ではないかと思います。

　以上のことを考えると、先程の五つの心の報酬は従業員さんを常に励まし教育していくなかで、実施されてくると思いますが、高年齢者のさきほどの三つの思いと対応策は、社長さんの日頃からの長年勤務してきた方への労りの気持ちから生まれてくるのではないかと思います。これらの取り組みは、私は逆に現役従業員以上に会社の業績貢献にプラスになっていく可能性は大ではないかと思っています。なぜなら、若い人にない、考える力と感性力は社長さんが想像している以上のマンパワーを発揮してくれると思うからです。

　従って高年齢者の従業員さんへは、日常の励ましとプラス労りというキーワードが大変重要な考え方の一つになってくるのではないかと思います。社長さんいかが思われましたか？社長さんの真摯な労りの心が、人生経験豊富な高年齢者の方の心に響かないわけがないと思います。

　なぜなら、私が従業員さんであれば、社長さんのために頑張ろうと思うからです。

5分ノート

「賃金センサスの賃金データなどからも、60歳再雇用時の賃金は小規模企業と大企業で大きく相違しており、定年再雇用時の賃金は、老齢年金と高年齢雇用継続給付の受給を考えた賃金設計が多く、再雇用の60歳以降の賃金データは世間相場としてとらえにくく、個人ごとに大きく違ってくる賃金設計となってくる」

第2章

ランチェスター戦略からみた小規模企業の賃金・退職金制度

1 ランチェスター法則とは

　ここで、高年齢者の賃金制度を考えるうえで、経営戦略からみた役割を考える必要があると思います。どんなに素晴らしい賃金・退職金制度を作っても経営の視点からその役割を考えて進めていかなければ、その効果はあまり期待できないものになってしまいます。これまで会社を支えてくれた大事な従業員さんです。しっかり考える必要があります。それは前説でお話した労りに通じてくるものであると思います。

　この章では、従業員100人未満の小規模企業の経営戦略として経営の世界でよく活用されているランチェスター法則によるランチェスターの戦略について考えてみたいと思います。

　ランチェスターの法則とは下記の法則です。

第2章 ランチェスター戦略からみた小規模企業の賃金・退職金制度

(競争の法則、戦闘における力関係)
第一法則　一騎打戦の法則
　(攻撃力＝兵力数(量)×武器性能(質))
第二法則　間隔戦の法則
　(攻撃力＝兵力数の２乗(量)×武器性能(質))
２乗がポイント　兵力数10対６は100対36の攻撃力に、格差は広がり続ける

　イギリス人のランチェスター先生が、戦闘における力関係を考察して、1914年に上記の内容の法則を技術雑誌に書いた記事からスタートしてきました。今では、いろいろな場面、特に中小企業の会社の経営の世界でこの競争の法則が多く活用されています。日本ではランチェスター経営株式会社代表の竹田陽一先生などが有名です。竹田先生はランチェスター戦略を大変分かりやすく分析して説明されて、本なども多数出版されています。

　一般的に第一法則(一騎打戦)は小規模企業の戦略(いわゆる弱者の戦略)、第二法則(間隔戦)が大企業がとる戦略(いわゆる強者の戦略)と考えれば分かりやすいのではないかと思います。

　第二法則(間隔戦)の具体的事例としてはあなたの住んでいる町にケーキ屋さんを始めるとします。すでにあなたの町に町一番のケーキ屋さんが従業員10名でお店を経営してい

て、新規開店のあなたのお店が仮に5人の従業員さんでお店を始めるとすると、仮にお店の商品のレベルが同じようなレベルであるとするならば、あなたのお店とライバル店の力関係は下記のようになります。

あなたのお店の攻撃力
　　　　5人の2乗（25）×商品のレベル
ライバル店の攻撃力
　　　　10人の2乗（100）×商品のレベル
商品のレベルが仮に同じようなレベルであれば
その攻撃力は5人対10人の1対2ではなく25対100
なんと4倍の攻撃力の格差になってくるのです。

従ってライバル店は第2法則（間隔戦）の強者の戦略がとれるお店になり、あなたのお店は第1法則（一騎打戦）の弱者の戦略で戦っていった方が、2乗作用による4倍の格差をもろに受けない戦い方になってくるのではないかと思います。

このように、ものごとの力関係を考えるとき、この2乗して考えるということが、ランチェスター法則の考え方のポイントの一つになってくるのではないかと思います。

経営において第一法則（一騎打戦）の戦略を活用するか、第二法則（間隔戦）の戦略を活用するかは、その競争相手との力関係を考えてその都度選択して実施すれば、最も効果的な結果が期待できるものと私は思っております。

その戦い方である第一法則（一騎打戦）の代表的な事例と

第2章 ランチェスター戦略からみた小規模企業の賃金・退職金制度

して、歴史的にみれば戦国時代の若武者織田信長の話が大変分かりやすいと思います。桶狭間の合戦で勝利したことは、あまりに有名な話ですので社長さんもご存知かと思います。この勝利の戦略がまさにランチェスター法則の第一法則（一騎打戦）そのものではないかと私は思っています。相手方の今川義元の約2万人の大群にたいして、信長は約2千人の兵隊で、今川義元のちょっとしたすきを狙って奇襲して勝利しています。もし、信長が第二法則（間隔戦）の戦略で、真正面から正面衝突して戦ったならば、完敗していたと思います。まさしく局地戦における、第一法則（一騎打戦）の戦い方で勝利したといえるのではないかと思います。そもそも織田信長はこのようなランチェスター法則など知る由もないと思います。しかし、彼は本能的な勘で自然とこの闘いの戦略を実行したのだと思います。この法則は、労務の世界でも十分応用のできる考え方であると思います。従業員10名前後の会社ということであれば、考え方の選択肢は第一法則（一騎打戦）の応用になってくると思います。賃金制度というと、一般的には職能資格制度とか、成果主義の賃金制度とか様々な取組みが連想されてきます。私はこれらの多くの取組みはいわゆるランチェスター法則の視点から考えれば、第二法則（間隔戦）である強者の取組みになってくるのではないかと考えます。

　それでは、第一法則（一騎打戦）の取組みとは具体的にど

のようになるのかと多くの社長さんは思われたと思います。私は、小規模企業の会社では、職能資格制度も目標管理制度もいらない、シンプルで単純なシステムを考えることではないかと思います。小規模企業の会社が、大企業で採用されている複雑な賃金制度を導入することは、聞こえは良いですが、軽4の自動車のエンジンで、大型の車を動かすようなものです。

　従って、小規模企業の会社は賃金は画一化（間隔戦）しないで、一対一の個別対応（一騎打戦）の考え方が必要になってくると思います。

　とくに、この本の主人公である高年齢者の賃金制度については、なおさらこの考え方が必要ではないかと思います。

　プロローグで5人の会社の3人が60歳以上の方の事例を記載しましたが、60歳以上の3人とも一人ひとりについて社長さんが頭をかかえて再雇用後の賃金を決めたとお話しされていました。現在この会社は、売り上げも順調に推移しており、経常利益も思った以上に伸びているとのことでした。従って60歳で4割又は3割賃金をダウンしなくてもそれ以上の業績をこの会社にもたらしているのです。

2 ランチェスター戦略からみた、高年齢者の賃金・退職金制度のウエイト

　社長さん、賃金制度のことを考えるには、ランチェスター経営の竹田陽一先生が提唱されているように、経営の全体図をまず理解する必要があると思います。先生は第2次世界大戦が始まる前にアメリカ軍によって考え出されたオペレイションズ・リサーチの手法とランチェスター法則を使って計算すると次のような構成要因になると言われております。

　経営の全体図は、営業関連（53%）・商品関連（27%）・組織関連（13%）・財務関連（7%）社長さんこのウエイト付けにいかが思われましたでしょうか？

　どの項目も人間の体に置き換えてみればよく分かる話で、頭であったり、手であったり、足であったりと、どの体の部分もなくては駄目であり、人間の体には必要な要素です。

「経営の構成要因」

①地域、客層、営業方法、顧客対応	53.3%	営業関連　80%
②商品、有料のサービス	26.7%	
③人の配分と役割分担	13.3%	手段　20%
④資金の配分と調達	6.7%	

　この中で営業関連と商品関連の合計が経営全体の8割にもおよぶことを理解しなければなりません。多くの様々なコン

サルタントの方が、幹部社員研修や従業員のモチベーションアップの研修とか、社内をもっとIT化しましょうとか、そうすれば会社の業績を上げられますよということで切り込んできます。確かにどれも必要であると思い、多くの社長さんはやるべきかどうか悩んでしまっているケースが多々あると思います。しかしながら、多くの会社でお聞きすることは、研修後数日間は効果があったように思うが、その後は以前と変わらないといったお話をお聞きします。やはり、このことを考える上で一番重要なことは、「今は売上げ構造の見直しをする必要がある」とか、「従業員のやる気作りの研修がポイントである」等という課題は、経営の全体図から優先順位を見なければならないと思います。このことの理解が大前提ではないかと私は思います。

例えば、商品関連が、27％以上の効果を上げているのであれば、その他の戦略を考えるべきであると思います。

このような視点で見ていくならば、賃金制度は、上記の経営の全体図からみれば、組織関連③の中に該当します。比重で考えるのであれば13％以内です。

この考えが合っているかどうかといわれれば、なんとも言えませんが、少なくともわたしの知る限り小規模企業の経営の全体図は、先程のランチェスターの法則から導きだされたものが最も合っていると言えるのではないかと思います。何故なら、様々な会社でその証明がなされており、ランチェス

第2章 ランチェスター戦略からみた小規模企業の賃金・退職金制度

ター法則を活用した成功体験のビジネス本もよく出版されるようになってきました。従って、日本の社会の中では十分信頼できる経営哲学であると思います。

現在では多くの中小企業の社長さんにランチェスター法則は知られてきています。先程の経営の構成要因のウエイト付けを考えると、いかに立派な賃金制度、退職金制度を構築しても、経営の全体図から分析すれば思うほど期待できるものではないことをご理解していただけるのではないかと思います。ですから、多くのコンサルタントが賃金制度を改革して従業員さんのモチベーションが上がれば、業績も上がるというのは、私は多少とも言いすぎなのではないかと思います。上がれば良いですが、ほとんどお聞きしたことはありません。仮に上がるということであれば、多くの社長さんは会社経営に苦労せず、コンサルタントに賃金制度を改革してもらえばいいことになってきます。いかがでしょうか？私は小規模企業は社長の采配で9割がた会社経営は決まると思っています。ですから、うちの従業員さんは能力がないダメだなと思うのは結局社長さんの実力不足なのではないかと私は思います。

また、先日も顧問先の相談でありましたが、よくあるケースとして売上などが落込んで売上不振になってくると、必ず出てくる改善案の一つが人事・賃金制度の改定です。ですから、賃金制度を改革すれば業績は上向くと考えがちになる社

長さんの気持ちは十分理解できますが、先程の経営の全体図からも分かるように、期待するほど効果はでにくいということを十分理解する必要があると思います。

　ただし、ウエイトが低いからといって、疎かにしていいと言っているのではありません。先にも言いましたが、企業は人間の体と同様に、血糖値が高いのを放置すれば、やがて糖尿病になっていく可能性が十分あります。また、高血圧を放置しておけば、様々な影響が人体に出てきます。その分その他のほうからみれば遅れを取ってしまいます。また、大きな病気にもなりやすくなります。ですから、賃金制度も重要なのです。

　そう考えると、全てが会社経営では必要であり、重要であるということです。ポイントは、その会社のウエイト・バランスをしっかり見ることかと思います。この本の読者である社長さんは、「そんなバカなことはない、もっと比率は高い」との反論もあるかと思いますが、私の経験では間違いないと最近益々確信する次第です。いかがでしょうか？社長さん、このことからも賃金制度はシンプルがベストだということが、ご理解いただけるのではないかと思います。その証拠に30名前後の会社が大会社のような賃金制度を導入して実施したが、現在はまったく運用されていないといったお話はよくお聞きします。結局儲かったのは、高い報酬をもらった賃金コンサルタントであったというお話はよくあることです。私

は賃金制度を導入するなと言っているのではなく、会社の規模により、大きく考え方は変わってくるのではないかということです。トヨタ自動車のような大企業であれば、しっかりした賃金制度の導入は絶対に必要であると思います。しかし、私の主張は小規模企業はランチェスター戦略の経営の全体図からみても、賃金制度は出来るだけシンプルに社長さんが何日も研修をうけなければ理解できないような制度は必要ないということです。とにかく、社長さんも従業員さんも簡単に理解できる分かりやすい取組みが一般従業員さんも含めて特に高年齢者の再雇用においては必要ではないかということです。

3 高年齢者の賃金制度は仕事内容（職務給）にウエイトを置くべきでは

次は、高年齢者の賃金制度について、ランチェスター法則をベースにして考えると、賃金制度は大きくわけると下記の二つのグループに分けて考えるべきではないか思います。

その1　一騎打戦対応型賃金（小規模企業向け）
その2　間隔戦対応型賃金（大企業向け）

その1の一騎打戦対応型賃金というのは、ズバリ従業員さ

んとの個別のヒアリングで個人ごとに賃金を決定していくというものです。とくにこの本のテーマである高年齢者の賃金決定につきましては、賃金センサスのところで世間相場が年金受給との絡みもあり、あてはめにくいということを記載しました。従って60歳以降の賃金は一人ひとりの状況をみて、まさに従業員さんとの一騎打戦の戦いをしているといった真剣な気持ちで一人ひとりの賃金を基準など定めずに決めていくべきではないかと思います。

その2の間隔戦型対応賃金というのは、ズバリ職能資格制度とか、賃金表とか、目標管理制度などの客観的な基準によって賃金を決定していくというものです。

まさに大企業がおこなう賃金の決定の仕方です。

ですから、高年齢者の再雇用の賃金も3割4割ダウンした老齢年金対応の賃金制度などが主流となっています。

以上のように賃金制度は、ランチェスター法則の第一法則（一騎打戦）・第二法則（間隔戦）の視点から考えれば二つの考え方が導き出されてくると思います。この本では、第一法則（一騎打戦）の考え方で、さらに60歳以降の賃金の考え方について考えてみたいと思います。

60歳までの現役では、業績・能力に応じて賃金が上昇してきましたが、60歳定年再雇用ではどう考えるべきかです。私は、60歳以降は新しく仕事を覚える等は時間がかかりますので、これまでの業務の経験をさらにスキルアップしていく、

いわゆる職種に応じた賃金ということで、職務給（仕事内容）をベースとした考え方で決めていけばいいのではないかと思います。60歳を超えて能力がどうのこうの、勤怠である勤務態度がどうのこうのと言っても始まらない年代であると思います。いかがですか？私は現在60歳ですが、いまさら勤務態度とかあなたの能力はどうのこうのと言われてもピンとこないと思います。現役の30代40代であれば十分理解できますが、このような思いは高年齢者の方は皆さんあると思います。

　ですから気持ちよく働いてもらうのは、工場であれば長年培ってきた技術を若い人に教えていくとか、営業などであればその豊富な営業経験をもとに後輩に営業のノウハウを教えていくなど、その役割は結構あると思います。従って、後輩に指導すべき職種（仕事）内容により賃金を決定していくといった考え方であれば、高年齢者の方にも納得して働いてもらえるのではないかと思います。賃金決定の詳細な内容についてはあとの章で解説しますが、職務給をメインにした賃金の決め方がこの年代のキーワードになってくるのではないかと私は思います。社長さんいかが思われますか？

4　小規模企業の経営は社長で100%ちかくきまる

　この章では、ランチェスター法則をベースに賃金制度というもの考えてきました。ところで社長さんの時給単価はいく

らか考えたことがありますか？年間労働時間を仮に平均的な中小企業の労働者の1日8時間年間休日105日で年間労働日数260日で計算すると8時間×260＝2,080時間となります。かりに役員報酬1,000万円であれば1,000万円÷2080＝4,807円となります。

約時給5千円です。この本の読者の社長さんはいくらですか？　小規模企業の社長さんともなると、年間3,000時間くらい、なんやかんやと言って土・日曜日も働いているのではないかと思います。年間3,000時間とすると1,000万円÷3,000＝3,333円になってきます。いかがですか？社長さんは労働基準法により、最低賃金とか、労災事故の時の労災の適用とか何の保障もない、いわゆる裸の王様です。私の顧問先の小規模企業の社長さんの役員報酬は以外かとも思いますが、年間約600万円くらいが多いので、仮にですが600万円÷3,000時間＝2,000円という時給単価が私の正直な小規模企業の社長さんの時給単価の実態ではないかと思います。ここで何が言いたいかというと、社長が1時間無駄に過ごせば2,000円が消えていくという感覚です。一日10時間働けば日当は2万円の労働付加価値を生んだと言えなくもないと思います。

ですから、これまでの業務内容で売上が上がらないと嘆くのであれば、この労働時間をアップすることが、業績アップには一番の近道の一つともいえなくもないと思います。

ところで、現在の日本人のサラリーマンの平均年収は約

400万円と言われています。ですからサラリーマンの年間労働時間は残業時間もいれて約2,000時間前後なので400万円÷2,000時間＝2,000円が日本人の平均的時給単価となります。社長さんの時給単価と比べていかがですか？少なくても社長をやっている以上は、サラリーマンの平均時給単価2,000円の倍の4,000円はいきたいものです。4000円は年間労働時間3,000時間で計算すると役員報酬1,200万円となります。月額では100万円になります。ですから社長さんであれば少なくても役員報酬月額100万円はとりたいものです。従って、この本の読者である社長さんは従業員さんの賃金の決定の前に、自分の賃金である役員報酬は100万円がとれるかどうかが、会社経営のポイントの一つではないかと思います。

　また、竹田先生はランチェスター法則の第二法則（間隔戦）から次のような方程式を打ち出されています。

『社長の推進力＝社長の能力×仕事時間の２乗（時間能力）』

と言われています。この方程式を考えるならば、自分に特別な能力がないのであれば、時間能力を高めることが一番の会社の業績発展のポイントの一つではないかとストレートに思います。なにも難しい経営戦略を考えなくても能力がなければ、童謡のうさぎとカメの話ではありませんが、長時間労働をいとわずに働くことではないかと思います。そんな、仕事

熱心な社長さんに従業員さんもついてくるものです。

現在の日本の社会は従業員100人未満の会社が99％もしめていてそのうち9人までが82％を占めています。また、竹田先生は82％の小規模企業の経営は100％ちかく社長の経営の推進力で会社の業績は決まると言われております。私も従業員数名の小規模事務所ですが、まさにその通りだと実感します。この本の読者である社長さんも言われてみれば正直なるほどなと実感していただけるのではないかと思います。

この本を読まれてランチェスター法則などもっと勉強して売上ももっと上げたいということであれば、竹田先生など関連の本やDVDなど多数販売されていますので、経営の勉強をされることをこの際お勧めします。

5 高年齢者のベテランがいればお客様からみれば安心

社長さんご自身の役員報酬額が決まりましたか？

次に、従業員さんの賃金を考えていくわけですが、高年齢者の賃金となると、従来の従業員さんとは相違したものになってきます。詳細な決定については後で解説しますが、ここでは、高年齢者のベテランが会社にいることの効果について考えてみたいと思います。小規模企業の経営はランチェスター法則の第一法則（一騎打戦）の戦い方であると解説しま

したが、そもそも高年齢者の方はお客様との付き合いも古く、とにかくお客様情報を豊富に持っていると思われますので、高年齢者の有利性の特徴である考える力や感性力などの能力をさらに磨いてもらえれば、お客様との接近戦である一騎打戦には、現役従業員さん以上の能力を発揮してくれるのではないかと思います。お客様の目線でみれば、ベテランの従業員さんがいる会社ということで安心感が得られるようになるのではないかと思います。最近の大学生のように就職してもすぐに3割が退職してしまうようなケースは少ないと思いますので、お客様との接点における接近戦では、ランチェスター法則の第一法則（一騎打戦）の戦い方を如何なく発揮してくれるのではないかと思います。

　社長さんも経験したことがありませんか？折角若い人がきてくれたので熱心に保険に入ったりとか車を買ったけれど、3ヶ月後に担当者に連絡したら退社しましたなどということはがありませんか？なにか寂しいものです。このような視点でみれば一概には言えませんがベテランなら安心です。もし退職するとしても、事前に連絡してくれると思います。

　社長さんいかがですか？ベテラン従業員さんは、社長さんが考えている以上に対顧客には有利に作用しているのではないかと思います。

5分ノート

「ランチェスター法則からも小規模企業の賃金制度はシンプルで、ランチェスター法則の第一法則である一騎打戦・接近戦の考え方にポイントをおいた、高年齢再雇用者の賃金設計を考えるべきである」

第3章

マズローの5段階欲求説を賃金制度に連動させる

1 マズローの5段階欲求説とは何か

　労務管理を考えるうえで大変参考になるものとして、アメリカの有名な心理学者アブラハム・マズローの5段階欲求説を紹介していきたいと思います。社長さんの中には既に知っているよ、と思っている方も多いと思います。それほど有名な学説でいろいろな分野で活用されています。この学説は労務管理を考えていくうえではベースになっており、私は大変参考になると思っていますので労務の書籍出版の際には毎回紹介しています。

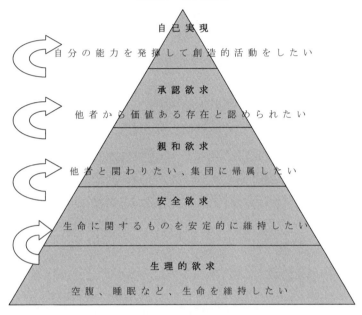

　マズローが唱えた欲求五段階説では、図のように人間の欲求は五段階のピラミッドのようになっていて、底辺から始まって、一段目の欲求が満たされると一段階上の欲求を志すというものです。生理的欲求、安全の欲求、親和の欲求、承認の欲求、自己実現の欲求となります。

　まず、生理的欲求と安全の欲求は、人間が生きる上での衣

第3章 マズローの5段階欲求説を賃金制度に連動させる

食住等の根源的な欲求です。労務管理でいえば、失業していた人がやっと就職できたという状況です。従ってこの段階の人はとにかく賃金がいくらもらえるかが一番重要な課題になります。ですからこの段階の方の賃金対策としては、賃金の多い少ないが最大の関心ごとになってきます。従って求人の時はこのことを考えて、いい人材を募集したいと思えば世間相場より高めの賃金で求人票を職安に提出するといった戦略が導きだされます。

その欲求が満たされると次の欲求である親和の欲求は、他人と関わりたい、他者と同じようにしたいなどの集団帰属の欲求です。この段階の人は賃金制度でいえば、入社3・4年目の従業員が該当してくると思います。

先輩従業員の方に早く一人前に認められたいと考えている状態で、給料などの賃金制度は当社は世間並みの水準かどうかなど、賞与はどれくらいかなど気にしてくる段階で、モチベーションアップには賃金だけでなく、仕事に権限や達成感などを与えるなどの従業員さんの教育訓練がさらに必要になってくる段階かと思います。この段階から、職務手当などの手当の導入がベストではないかと思います。

そしてその段階も達成すると、次の欲求は、承認の欲求と言われるもので、自分が集団から価値ある存在として認められ尊敬されることを求めてくる、いわゆる認知欲求が起きてきます。賃金制度でいえば、仕事もベテランになり、課長、

部長といった地位に目覚めてくる段階ではないかと思っています。ですから、この段階の従業員さんはお金よりむしろ役職がモチベーションアップに影響を与えるのではないかと思います。従って、この段階から役職手当を支給するといったことがベストの戦略になってくると思います。

　そして、この段階の欲求も達成すると人は、自己実現の欲求という、自分の能力・可能性を発揮し、創造的活動や自己の成長を図りたいという欲求に成長してきます。労務管理でいえば、自分に権限を与えてもらい、あるプロジェクトをやり上げるなどということになると思います。この段階の従業員さんはお金よりむしろ仕事のやりがいがモチベーションにつながってくるのではないかと思っています。一つ気をつけなければならないのが、ここまでレベルが上がった従業員さんは、そうです社長さんが恐れていることです。独立してやがて自分のライバルになってしまうことが考えられます。いかがでしょうか？従業員さんの労務管理はこのような、大局的な視点で、この従業員さんにどの段階の刺激を与えればやる気がおこるかを考えてやらないと、ただ賃金だけをアップしても効果がある人とそうでない人がいるということを考えながら、社長さんは労務管理全般のことを考えていかなければならないと思います。

　労務管理での考え方の一つとして、大変参考になる名言がありますので、紹介したいと思います。

第3章　マズローの5段階欲求説を賃金制度に連動させる

「人は誰でも幸福になる資格があり、幸福をつかむかどうかは自分次第、これが私の信条だ」

　　　　　　　　　レイ・クロック　マクドナルドの創業者
「成功はゴミ箱の中に」プレジデント社

　どうですか？誰でも自己実現幸福になりたいんですね。

　社長さん如何でしたか？マズローの欲求5段階説、単純でシンプルで大変分かりやすいのが特徴かと思います。

　私の顧問先でよく業績を上げておられる会社の社長さんとお話ししていると、社長さんが意識しているかどうか分かりませんが、マズローの欲求5段階説のステップを本当にうまく応用して従業員さんを育成しているなと思うことがよくあります。

　この本では、高年齢者雇用の本なので、ここにこのマズローの欲求5段階説をどのように応用できるか考えてみたいと思います。

　基本的には、高年齢者再雇用の方は、そのほとんどが4段階目の承認の欲求の段階どまりで、自己実現まで行っているかたは少ないのではないかと思います。もし自己実現を望んでいる方であれば、すでにあなたの会社を辞めて独立しているかもしれないと思われます。なので、この本では、高年齢者の方はマズローの欲求5段階説の4段階までの方であると仮定して考えてみたいと思います。

2 高年齢者の雇用も個人別に欲求5段階説に連動させよう！

　この節では、実際に高年齢者のケースをマズローの欲求5段階説に当てはめて、考えてみたいと思います。

　生理的欲求・安全の欲求・親和の欲求・承認の欲求・自己実現の欲求とステップアップしていくわけですが、中には承認の欲求からステップアップしないで安全の欲求にダウンしていくといったケースも想定されます。

　例えば、社長が変わり、新社長の方針についていけないということで、従業員のモラルが低下していけば、従業員全員が生理的欲求にモチベーションがダウンしてしまうといったことも考えられます。こうなると会社への愛社精神もなくなり、会社の仕事はただ生活するための職場になってしまい、従業員さんどうしのコミニケーションも少なくなって、向上心など遠のいてしまっている会社になってしまいます。

　このようなことも踏まえて、高年齢者のステージを考えていくと、親和の欲求と承認の欲求の中に大半の方がおられるのではないかと思います。このような中で定年を迎えていくわけですが、私はマズローの欲求5段階説で考えるならば、定年再雇用者には下記の3パターンに分かれてくると思います。

第3章 マズローの5段階欲求説を賃金制度に連動させる

その1　再雇用後も自己実現の欲求を目指して努力していく（自己実現型タイプ）

その2　再雇用後は年金ももらいながら、親和の欲求の中で平和に過ごしたい（親和型タイプ）

その3　再雇用後も生活のため、生理的欲求をみたすため働き続けなければならない（生理型タイプ）

以上のように、高年齢者の家族状況や家庭収入の状況によって、上記の3パターンに分類できると思います。社長さんはこのことをしっかり頭にいれながら、再雇用の雇用条件や賃金を前章で解説した一騎打戦対応型賃金の決め方で賃金を決めていかなければならないと思います。

その3（生理型タイプ）の人にいくら自己実現の目標を立てて頑張ってくれと言っても、生理的欲求が満たされなければ無理な話になってきます。むしろその3のタイプの人には賃金をこのようになったら上げるといったことが、最大のモチベーションアップになってくるのではないかと思います。

また、その1（自己実現型タイプ）の人には、自己実現の目標を再度挑戦できるような目標を与えて、頑張ってもらうというのがベストではないかと思います。従ってこのような方は小規模企業でいうならば、社長さんの右腕のような存在ですから、年金の併給など考慮しないで、賃金は現状維持かまたは、引き上げて再雇用するなどの対応が必要ではないか

と思います。

　如何ですか、社長さんこのように、再雇用者とか又は60歳以降に新規雇用する場合などは個々の状況をしっかり考えて、賃金の決定を一騎打戦対応型賃金の決め方で進めていくべきではないかと思います。

3　高年齢者の活性化も5段階説に連動して考えよう！

　この節では、先程のその1（自己実現型タイプ）その2（親和型タイプ）その3（生理型タイプ）のかたの活性化はどのように考えていけばいいか考えてみたいと思います。高齢者の職業能力の一般的な長所と短所は下記のように言えるのではないかと思います。

長所　　〇仕事はベテランで経験豊富
　　　　〇指導力・育成力がある
　　　　〇勤務態度は良好
　　　　〇責任感がある
　　　　〇人脈がある
　　　　〇考える力や感性力が高い

短所　　〇体力・気力・視力・聴力・が衰える

第3章　マズローの5段階欲求説を賃金制度に連動させる

○過去の業績や役職にこだわりをもつ
○社会の変化に遅れる
○パソコンに弱い人が多い
○職業能力の個人差が大きい
○記憶力が落ちる

以上いろいろ思いつくことを記載しました。
　私が社会保険労務士の業務を通して感じることは、ほとんどの社長さんの高年齢者の方への思いは短所のことばかりイメージしてしまっており、その長所の素晴らしさに気付いていないのではないかと思います。
　短所の視点でみれば気力・体力の衰えは勤務時間を残業させないとか勤務時間を短縮して考慮するとか、または、書類は文字のサイズを大きくしたり、もの忘れを防止するために文書で指示をだすといったことなどが考えられます。
　長所の視点からみれば職務経験を更にパワーアップしてもらって、身体労働などは若手に任せ、その変わりに、知識等を生かした頭脳労働などの分野でのスペシャリストになってもらうなど、考え方一つを変えれば高年齢者の方は社長さんが思っている以上の人材ではないかと思います。このようなスタンスでいけばいわゆる年上部下への対応もスムーズにいくのではないかと思います。
　中には、高年齢者の方でよくお聞きするケースとして短所

の一つとしてある職業能力の個人差が大きいため、中には定年で退職してもらいたいと思っている従業員さんもいると思います。社長さんならその方が再雇用を希望してきた時どうされますか？現在の日本では原則65歳まで再雇用しなければならなくなっています。私は、社会保険労務士として開業する前は、日本生命で22年間勤務してきて、全国のいろいろな拠点を担当してきましたが、60歳再雇用してきた従業員さんで60歳以降成績が伸びてきた従業員さんをみたことがありません。ですから、再雇用の段階で、前節のマズローの欲求５段階説の三つのタイプで色分けして考えましたが、このような方はその２（親和型）かその３（生理型）のどちらかのタイプになってくると思います。経営でよく言われていますが、組織はできる人２割普通６割できない２割のバランスでできていると言われています。社長さんはできない２割の人に退職してもらえばいいと考えがちですが、仮に退職しても必ず現在普通の方の誰かができない人の２割に加わってくるので、よほど問題のある従業員以外では解決策にはなってこないと思います。従って会社全体のパフォーマンスを上げていくことを考えたほうが賢明であると思います。ですから、タイプ３あたりの段階の従業員さんとしての雇用対策になってくると思います。

　ここまで、再雇用者のマズローの欲求５段階説からのタイプ分けで考えてきましたが、そのタイプ分けは先程のできる

人できない人の組織割合と一概には言えませんが多少とも連動しているのではないかと思えます。

できる人	2割	自己実現型タイプ
普通	6割	親和型タイプ
できない人	2割	生理型タイプ

いかがでしょうか？

このような視点でみれば、高年齢者の三つのタイプは若い新入社員と違い、このステージは再雇用後の退職まで継続していく可能性が高いと思います。従ってマズローの欲求5段階説のステップアップは難しく変わりづらいというのが一般的な特徴になってくるのではないかと思います。ステップアップできればそれは社長さんの素晴しいリーダシップがあったということになってくるのではないかと思います。社長さんの素晴らしい経営のなかで仮に高年齢者の方がマズローの欲求5段階説の自己実現のステップにまでいったとしても、先ほど記載しましたが独立してライバルとなるようなことは、定年再雇用の方であれば年齢的にもそのような気持ちにはなってこないと私は思いますので、再雇用者の時はその面での心配はしなくてもいいのではないかと思います。基本的に高齢者の雇用は、若手従業員さんのように仕事を通して成長することが期待されているわけではなく、いま持って

いる能力をいかに会社の仕事に発揮できるかどうかが問われます。

　従って、如何に今現在の仕事内容をレベルアップできるかどうかが課題になってくるため、マズローの欲求5段階説の上のステップへアップしていく段階にはなりにくい傾向があると思います。しかしながら、先程の高年齢者の長所・短所をうまく引き出せば、できる人2割普通6割できない人2割の組織全体のパフォーマンスをいくらかでも引き上げることが十分期待できてくるのではないかと思います。ですから、高年齢者の再雇用の雇用対策は会社の戦力ダウンではなくアップにつながっていく対策の一つになってくる取組みであると確信する次第です。若い人の育成からみれば、ある程度計算できるというのも、高年齢者の再雇用の魅力の一つではないかと思います。

> **5分ノート**
>
> 「高年齢者の、モチベーションは、マズローの5段階欲求説にあるように、人間の欲望はその各自の段階により変化するので、賃金を上げるだけでは満足度をかなえることはできないから、さらなる日常の励ましプラス労りが必要となってくる」

第4章

小規模企業の高年齢者の賃金の決め方
（再雇用評価率の導入）

1 大手のように一律3割・4割ダウンは小規模企業にはなじまない

いよいよ社長さん、この章では実際の高齢者の賃金の決め方を考えてみたいと思います。

ここで一般的な再雇用の賃金のケースでの老齢年金と高年齢雇用継続給付を活用した事例を見てみたいと思います。

私が日常的な業務の中で、老齢年金と高年齢雇用継続給付との併給を考慮した賃金のシュミレーションの依頼をよくいただきます。そのほとんどが、60歳到達時賃金の4割ダウンして老齢年金と高年齢継続給付を満額もらえる賃金シュミレーションです。

この表の賃金50万円のケースで30万円にダウンしたにも関

（一律4割ダウンのケース）

パターン	A	B	C
60歳時到達直前賃金	500,000円	300,000円	150,000円
再雇用時賃金（賞与なし）	300,000円	180,000円	90,000円
高年齢雇用継続給付	23,340円	27,000円	13,500円
在職老齢年金	100,000円 －60,000円 －9,360円 ＝30,640円	100,000円 －10,800円 ＝89,200円	100,000円 －5,280円 ＝94,720円
合　計	353,980円	296,200円	198,220円

（このシュミレーションは分かりやすくするために、老齢年金月額が仮に10万円受給できる方で高年齢雇用継続給付と賃金と老齢年金との併給調整による老齢年金の減額の金額はマイナスで表示しています）

わらず高年齢雇用継続給付が30万円の15％の45,000円になっていませんが、60歳到達時賃金が447600円（平成28年1月現在）をいくらこえても高年齢雇用継続給付は、この上限を基準としてダウンした賃金の15％が頭打ちであるからです。つまり447,600円×6.1割＝273,036円の15％ 40,955円（計算式の詳細については131頁参照）が高年齢雇用継続給付の頭打ちということです。ご参考のためにこの高年齢雇用継続給付の早見表は下記の通りです。

第4章 小規模企業の高年齢者の賃金の決め方（再雇用評価率の導入）

高年齢雇用継続給付の支給早見表

(単位:円)

60歳以降 各月の賃金	60歳到達時賃金（賃金日額×30日分）						
	447,600円以上	40万	35万	30万	25万	20万	15万
33万	3,729	0	0	0	0	0	0
32万	10,272	0	0	0	0	0	0
31万	16,802	0	0	0	0	0	0
30万	23,340	0	0	0	0	0	0
29万	29,870	6,525	0	0	0	0	0
28万	36,400	13,076	0	0	0	0	0
27万	40,500	19,602	0	0	0	0	0
26万	39,000	26,130	0	0	0	0	0
25万	37,500	32,675	8,175	0	0	0	0
24万	36,000	36,000	14,712	0	0	0	0
23万	34,500	34,500	21,252	0	0	0	0
22万	33,000	33,000	27,764	3,278	0	0	0
21万	31,500	31,500	31,500	9,807	0	0	0
20万	30,000	30,000	30,000	16,340	0	0	0
19万	28,500	28,500	28,500	22,876	0	0	0
18万	27,000	27,000	27,000	27,000	4,896	0	0
17万	25,500	25,500	25,500	25,500	11,441	0	0
16万	24,000	24,000	24,000	24,000	17,968	0	0
15万	22,500	22,500	22,500	22,500	22,500	0	0
14万	21,000	21,000	21,000	21,000	21,000	6,538	0
13万	19,500	19,500	19,500	19,500	19,500	13,065	0
12万	18,000	18,000	18,000	18,000	18,000	18,000	0
11万	16,500	16,500	16,500	16,500	16,500	16,500	0
10万	15,000	15,000	15,000	15,000	15,000	15,000	8,170

※平成27年8月1日現在の支給額算定の目安

また65歳未満の老齢年金は、賃金の総報酬月額相当額と年金月額の合計額が28万円を超えると老齢年金の支給停止が超えた額の2分の1マイナスされて老齢年金が支給されます。次に総報酬月額相当額が47万円超の時は、38頁の表のように計算方法が若干違ってきます。賃金50万円ですと〔(47万円+10万円−28万円)×1/2+(50万円−47万円)＝17万5千円〕

　17万5千円の支給停止額になり、年金額は全額支給停止になってしまいます。

　但し、この支給停止額は65歳以降では47万円に引き上げられますので、一般的なサラリーマンで支給停止の対象になってくる方は、大幅に減少していくものと思います。ご参考のため支給停止の早見表は下記の通りです。

第4章　小規模企業の高年齢者の賃金の決め方（再雇用評価率の導入）

60歳台前半の在職老齢年金早見表

(単位：万円)

年金月額	総報酬月額相当額														
	9.8	13.0	16.0	19.0	22.0	25.0	28.0	31.0	34.0	37.0	40.0	43.0	46.0	49.0	52.0
1.0	1.0	1.0	1.0	1.0	1.0	1.0	0.5	0.0	0.0	0.0	0.0	0.0	0.0	0.0	0.0
2.0	2.0	2.0	2.0	2.0	2.0	2.0	1.0	0.0	0.0	0.0	0.0	0.0	0.0	0.0	0.0
3.0	3.0	3.0	3.0	3.0	3.0	3.0	1.5	0.0	0.0	0.0	0.0	0.0	0.0	0.0	0.0
4.0	4.0	4.0	4.0	4.0	4.0	3.5	2.0	0.5	0.0	0.0	0.0	0.0	0.0	0.0	0.0
5.0	5.0	5.0	5.0	5.0	5.0	4.0	2.5	1.0	0.0	0.0	0.0	0.0	0.0	0.0	0.0
6.0	6.0	6.0	6.0	6.0	6.0	4.5	3.0	1.5	0.0	0.0	0.0	0.0	0.0	0.0	0.0
7.0	7.0	7.0	7.0	7.0	6.5	5.0	3.5	2.0	0.5	0.0	0.0	0.0	0.0	0.0	0.0
8.0	8.0	8.0	8.0	8.0	7.0	5.5	4.0	2.5	1.0	0.0	0.0	0.0	0.0	0.0	0.0
9.0	9.0	9.0	9.0	9.0	7.5	6.0	4.5	3.0	1.5	0.0	0.0	0.0	0.0	0.0	0.0
10.0	10.0	10.0	10.0	9.5	8.0	6.5	5.0	3.5	2.0	0.5	0.0	0.0	0.0	0.0	0.0
11.0	11.0	11.0	11.0	10.0	8.5	7.0	5.5	4.0	2.5	1.0	0.0	0.0	0.0	0.0	0.0
12.0	12.0	12.0	12.0	10.5	9.0	7.5	6.0	4.5	3.0	1.5	0.0	0.0	0.0	0.0	0.0
13.0	13.0	13.0	12.5	11.0	9.5	8.0	6.5	5.0	3.5	2.0	0.5	0.0	0.0	0.0	0.0
14.0	14.0	14.0	13.0	11.5	10.0	8.5	7.0	5.5	4.0	2.5	1.0	0.0	0.0	0.0	0.0
15.0	15.0	15.0	13.5	12.0	10.5	9.0	7.5	6.0	4.5	3.0	1.5	0.0	0.0	0.0	0.0
16.0	16.0	15.5	14.0	12.5	11.0	9.5	8.0	6.5	5.0	3.5	2.0	0.5	0.0	0.0	0.0
17.0	17.0	16.0	14.5	13.0	11.5	10.0	8.5	7.0	5.5	4.0	2.5	1.0	0.0	0.0	0.0
18.0	18.0	16.5	15.0	13.5	12.0	10.5	9.0	7.5	6.0	4.5	3.0	1.5	0.0	0.0	0.0
19.0	18.6	17.0	15.5	14.0	12.5	11.0	9.5	8.0	6.5	5.0	3.5	2.0	0.5	0.0	0.0
20.0	19.1	17.5	16.0	14.5	13.0	11.5	10.0	8.5	7.0	5.5	4.0	2.5	1.0	0.0	0.0
21.0	19.6	18.0	16.5	15.0	13.5	12.0	10.5	9.0	7.5	6.0	4.5	3.0	1.5	0.0	0.0
22.0	20.1	18.5	17.0	15.5	14.0	12.5	11.0	9.5	8.0	6.5	5.0	3.5	2.0	0.0	0.0
23.0	20.6	19.0	17.5	16.0	14.5	13.0	11.5	10.0	8.5	7.0	5.5	4.0	2.5	0.0	0.0
24.0	21.1	19.5	18.0	16.5	15.0	13.5	12.0	10.5	9.0	7.5	6.0	4.5	3.0	0.5	0.0
25.0	21.6	20.0	18.5	17.0	15.5	14.0	12.5	11.0	9.5	8.0	6.5	5.0	3.5	1.0	0.0
26.0	22.1	20.5	19.0	17.5	16.0	14.5	13.0	11.5	10.0	8.5	7.0	5.5	4.0	1.5	0.0
27.0	22.6	21.0	19.5	18.0	16.5	15.0	13.5	12.0	10.5	9.0	7.5	6.0	4.5	2.0	0.0
28.0	23.1	21.5	20.0	18.5	17.0	15.5	14.0	12.5	11.0	9.5	8.0	6.5	5.0	2.5	0.0
29.0	24.1	22.5	21.0	19.5	18.0	16.5	15.0	13.5	12.0	10.5	9.0	7.5	6.0	3.5	0.5
30.0	25.1	23.5	22.0	20.5	19.0	17.5	16.0	14.5	13.0	11.5	10.0	8.5	7.0	4.5	1.5

60歳台後半の在職老齢年金早見表　　　　　　　　　　　　　　　（単位:万円）

年金月額	総報酬月額相当額													
	9.8	15.0	20.0	25.0	30.0	35.0	40.0	45.0	50.0	55.0	60.0	65.0	70.0	75.0	78.0
1.0	1.0	1.0	1.0	1.0	1.0	1.0	1.0	1.0	0.0	0.0	0.0	0.0	0.0	0.0	0.0
2.0	2.0	2.0	2.0	2.0	2.0	2.0	2.0	2.0	0.0	0.0	0.0	0.0	0.0	0.0	0.0
3.0	3.0	3.0	3.0	3.0	3.0	3.0	3.0	2.5	0.0	0.0	0.0	0.0	0.0	0.0	0.0
4.0	4.0	4.0	4.0	4.0	4.0	4.0	4.0	3.0	0.5	0.0	0.0	0.0	0.0	0.0	0.0
5.0	5.0	5.0	5.0	5.0	5.0	5.0	5.0	3.5	1.0	0.0	0.0	0.0	0.0	0.0	0.0
6.0	6.0	6.0	6.0	6.0	6.0	6.0	6.0	4.0	1.5	0.0	0.0	0.0	0.0	0.0	0.0
7.0	7.0	7.0	7.0	7.0	7.0	7.0	7.0	4.5	2.0	0.0	0.0	0.0	0.0	0.0	0.0
8.0	8.0	8.0	8.0	8.0	8.0	8.0	7.5	5.0	2.5	0.0	0.0	0.0	0.0	0.0	0.0
9.0	9.0	9.0	9.0	9.0	9.0	9.0	8.0	5.5	3.0	0.5	0.0	0.0	0.0	0.0	0.0
10.0	10.0	10.0	10.0	10.0	10.0	10.0	8.5	6.0	3.5	1.0	0.0	0.0	0.0	0.0	0.0
11.0	11.0	11.0	11.0	11.0	11.0	11.0	9.0	6.5	4.0	1.5	0.0	0.0	0.0	0.0	0.0
12.0	12.0	12.0	12.0	12.0	12.0	12.0	9.5	7.0	4.5	2.0	0.0	0.0	0.0	0.0	0.0
13.0	13.0	13.0	13.0	13.0	13.0	12.5	10.0	7.5	5.0	2.5	0.0	0.0	0.0	0.0	0.0
14.0	14.0	14.0	14.0	14.0	14.0	13.0	10.5	8.0	5.5	3.0	0.5	0.0	0.0	0.0	0.0
15.0	15.0	15.0	15.0	15.0	15.0	13.5	11.0	8.5	6.0	3.5	1.0	0.0	0.0	0.0	0.0
16.0	16.0	16.0	16.0	16.0	16.0	14.0	11.5	9.0	6.5	4.0	1.5	0.0	0.0	0.0	0.0
17.0	17.0	17.0	17.0	17.0	17.0	14.5	12.0	9.5	7.0	4.5	2.0	0.0	0.0	0.0	0.0
18.0	18.0	18.0	18.0	18.0	17.5	15.0	12.5	10.0	7.5	5.0	2.5	0.0	0.0	0.0	0.0
19.0	19.0	19.0	19.0	19.0	18.0	15.5	13.0	10.5	8.0	5.5	3.0	0.5	0.0	0.0	0.0
20.0	20.0	20.0	20.0	20.0	18.5	16.0	13.5	11.0	8.5	6.0	3.5	1.0	0.0	0.0	0.0
21.0	21.0	21.0	21.0	21.0	19.0	16.5	14.0	11.5	9.0	6.5	4.0	1.5	0.0	0.0	0.0
22.0	22.0	22.0	22.0	22.0	19.5	17.0	14.5	12.0	9.5	7.0	4.5	2.0	0.0	0.0	0.0
23.0	23.0	23.0	23.0	22.5	20.0	17.5	15.0	12.5	10.0	7.5	5.0	2.5	0.0	0.0	0.0
24.0	24.0	24.0	24.0	23.0	20.5	18.0	15.5	13.0	10.5	8.0	5.5	3.0	0.5	0.0	0.0
25.0	25.0	25.0	25.0	23.5	21.0	18.5	16.0	13.5	11.0	8.5	6.0	3.5	1.0	0.0	0.0
26.0	26.0	26.0	26.0	24.0	21.5	19.0	16.5	14.0	11.5	9.0	6.5	4.0	1.5	0.0	0.0
27.0	27.0	27.0	27.0	24.5	22.0	19.5	17.0	14.5	12.0	9.5	7.0	4.5	2.0	0.0	0.0
28.0	28.0	28.0	27.5	25.0	22.5	20.0	17.5	15.0	12.5	10.0	7.5	5.0	2.5	0.0	0.0
29.0	29.0	29.0	28.0	25.5	23.0	20.5	18.0	15.5	13.0	10.5	8.0	5.5	3.0	0.5	0.0
30.0	30.0	30.0	28.5	26.0	23.5	21.0	18.5	16.0	13.5	11.0	8.5	6.0	3.5	1.0	0.0

（年金月額の計算には、加給年金および経過的加算は含まれず、老齢厚生年金の報酬比例部分のみの年金月額としています）

第4章 小規模企業の高年齢者の賃金の決め方（再雇用評価率の導入）

また、細かい話ですが高年齢雇用継続給付と老齢厚生年金を受給するとさらに、老齢厚生年金から標準報酬月額の上限6％を限度として老齢年金の支給停止もあります。この支給停止の早見表は下記の通りです。

在職老齢年金の支給停止早見表
(単位：千円)

標準報酬月額 （60歳到達時賃金月額）	年金停止・減額率
75.00％以上	0.00％
74.00％	0.35％
73.00％	0.72％
72.00％	1.09％
71.00％	1.47％
70.00％	1.87％
69.00％	2.27％
68.00％	2.69％
67.00％	3.12％
66.00％	3.56％
65.00％	4.02％
64.00％	4.49％
63.00％	4.98％
62.00％	5.48％
61.00％未満	6.00％

つまり老齢厚生年金は、賃金と高年齢雇用継続給付を同時に受給すると二つの制度から年金の支給停止が開始されてくるということです。

このようなことも理解したうえで、先程の表をみれば、この公的な国の制度を活用した賃金設計がもっとも活かされる賃金額は60歳到達時に30万円前後のパターンBの方であることが理解していただけると思います。パターンCでは、ダウンした賃金額が最低賃金額以下の賃金となってしまいますので、パターンCの方には高年齢継続給付は考えないで、老齢

年金を満額受給して勤務してもらうといった視点になってきます。またパターンAは現在の賃金を考えるならば、老齢年金も高年齢継続給付もあまり考えないで、現在の賃金を引き上げるかまたは、現状維持の視点がベストな選択であるのではないかと、この表からご理解していただけるのではないかと思います。

　現在の日本の中小企業及び大企業の再雇用の賃金設計はパターンBの再雇用の賃金設計が主流をしめているのではないかと思います。

　なるほど、パターンBは、賃金30万円が18万円にダウンしても、年金と高年齢継続給付の受給も考慮すれば、合計296,200円となり、ほとんど変わらないということになります。但し、ここで問題になってくるのは、何故老齢年金の受給と高年齢雇用継続給付金と賃金の額とを考慮しなければならないかです。会社側には、人権費が大幅にダウンすることになってメリットもある話ですが、よく考えてみれば老齢年金の受給や高年齢雇用継続給付金は個人の権利の問題であり、賃金とは関係のない話です。ところが、現在の日本の多くの会社では定年60歳の美名のもとに再雇用ということで、4割ダウンが会社側から一方的にさせられているのが現実の姿ではないかと、私は日常の社会保険労務士の業務をしている中で思う次第です。

　但し、定年が65歳という会社も少しづつ増えてきているの

第4章 小規模企業の高年齢者の賃金の決め方（再雇用評価率の導入）

で、65歳定年の会社は60歳再雇用で賃金再設計というわけにはいきません。65歳再雇用で賃金をいくらにするかという話になってきます。

ここまでの話がこれまでの日本の多くの企業の60歳再雇用における賃金の具体的な決め方でした。

しかし、ご存知のように日本は空前の人手不足に直面してきています。60歳以降も再雇用で勤務してくれないと多くの企業が人手不足で回らなくなってきています。ですから、建設業などの小規模企業では、60歳再雇用で賃金を4割ダウンして再雇用するなど、現実問題できなくなりつつあります。逆に場合によっては賃上げも覚悟しなければならないほど、建設業などは人手不足が深刻化してきています。

従って、小規模企業では老齢年金と高年齢継続給付を顧慮したタイプ別では一番多いと思われるパターンBの賃金設計の方程式は当てはまらなくなってきたと言わざるをえないと思う昨今です。

社長さんはいかが思われましたか？

ご参考のために、パターンBでのお客様に提案している賃金シュミレーションを掲載しますので、ご参考になれば幸いです。

賃金 太郎 様　　　賃金と年金(在職老齢厚生年金)
　　　　　　　　　高年齢雇用継続給付金との手取シミュレーション

個人データ(62歳時点)
　　報酬比例部分　1,200,000　加給年金　0　基　金　0　60歳到達時賃金　300,000
　　定額部分　　　　　　0　老齢基礎年金　0　直近1年標準賞与　0

給与月額 A	基本年金額 B	老齢基礎年金その他年金 C	年金計 D=B+C	高年齢雇用継続給付 E	合計支給額 F=A+D+E	社会保険 G	所得税 H	控除計 J=G+H	差引手取額 F-J
60,000	94,120	0	94,120	9,000	163,120	12,385	0	12,385	150,735
80,000	94,120	0	94,120	12,000	186,120	13,640	0	13,640	172,480
100,000	94,120	0	94,120	15,000	209,120	14,895	0	14,895	194,225
120,000	92,920	0	92,920	18,000	230,920	17,933	0	17,933	212,987
140,000	91,480	0	91,480	21,000	252,480	21,558	0	21,558	230,922
160,000	90,400	0	90,400	24,000	274,400	24,302	930	25,232	249,168
180,000	**89,200**	**0**	**89,200**	**27,000**	**296,200**	**27,340**	**1,430**	**28,770**	**267,430**
200,000	83,467	0	83,467	16,340	299,807	30,378	2,070	32,448	267,359
220,000	78,690	0	78,690	3,278	301,968	33,416	2,640	36,056	265,912
240,000	70,000	0	70,000	0	310,000	36,454	3,290	39,744	270,256
260,000	60,000	0	60,000	0	320,000	39,491	3,860	43,351	276,649
280,000	50,000	0	50,000	0	330,000	42,529	4,490	47,019	282,981
300,000	40,000	0	40,000	0	340,000	45,567	5,140	50,707	289,293
320,000	30,000	0	30,000	0	350,000	48,605	5,670	54,275	295,725
340,000	20,000	0	20,000	0	360,000	51,643	6,310	57,953	302,047
360,000	10,000	0	10,000	0	370,000	54,680	6,980	61,660	308,340
380,000	0	0	0	0	380,000	57,718	7,600	65,318	314,682
400,000	0	0	0	0	400,000	62,224	8,210	70,434	329,566
420,000	0	0	0	0	420,000	62,324	9,840	72,164	347,836
440,000	0	0	0	0	440,000	66,832	11,070	77,902	362,098
460,000	0	0	0	0	460,000	71,338	12,290	83,628	376,372
480,000	0	0	0	0	480,000	71,438	14,010	85,448	394,552
500,000	0	0	0	0	500,000	75,945	15,230	91,175	408,825

　このシュミレーションをみていただければわかりますが、賃金18万円も賃金30万円も年金と高年齢雇用継続給付の受給も考えれば手取りでは約2万円ほどしか相違しないとことがわかります。

第4章 小規模企業の高年齢者の賃金の決め方（再雇用評価率の導入）

2 職務内容を基本にした決め方

　高年齢者の賃金額決定において大変参考になるのが、アメリカの賃金制度ではないかと思います。アメリカの賃金制度を分析すると下記の三つのポイントから構成されていると言われています。

　アメリカの賃金制度
　① 内的公正の原則（社員が担当する職務の企業にとっての価値に応じて賃金を支給する）
　② 個人間公正の原則（個人の業績を評価して、賃金を支給する）
　③ 外的公正の原則（社員には世間相場の賃金を支給する）

　この中で、注目すべきは、①の内的公正の原則です。ようするに高齢者が現在できる職務内容で支給するという考え方です。能力や職能資格制度などから基本給を決めるのではなく、60歳再雇用時点における今持っている能力職務の内容で基本給を決めるというのが、私は大変分かりやすいし、労使ともに納得ができる決め方ではないかと思います。

　③の外的公正の原則いわゆる世間相場で決める考え方は現役の従業員さんの賃金の決め方として小規模企業では有効かと思いますが、60歳再雇用者の賃金の決定においては老齢年金や高年齢雇用継続給付の受給などのこともあり、個人差が大きいので、参考にはしづらい傾向があると思います。

アメリカでは賃金決定のとき賃金の世間相場を知るために他企業の賃金情報を収集しなければならないので、自ら賃金調査を実施したり、賃金調査に参加して調査結果を受け取ったり、人事コンサルタント会社の賃金情報を購入してまでして、賃金を決定しているとのことです。

いかがでしょうか？社長さん頭の中がスッキリしてきませんか？要するに、高年齢者の賃金決定は職務内容で基本給を決めるこの方程式が私は一番小規模企業では実態にそった考え方になってくるのではないかと思います。

次に、どのようにして今もっている能力職務給である基本給を決定するかについて考えてみたいと思います。

この職務給も、大企業でよく活用されている職能資格制度のようなイメージで考えていくと、おそらく小規模企業の社長さんでは決められなくなってしまうと思われます。

私の提案はシンプルです。社長さんが前節のパターンBタイプの従業員さんで、手当も含めて月額30万円の方であれば、この総支給賃金額30万円を基準に、再雇用後も仕事内容を60歳現在の出来ている仕事内容から評価して十分にやってくれると判断できる従業員さんであれば、この30万円が再雇用の基本給としてはいかがかと思います。場合によっては１割アップの基本給33万円もあっていいのではないかと思います。

次に、現存の職務内容が、社長さんの判断で仮に再雇用後70点の評価だとすれば基本給は21万円と決定すればいいので

第4章 小規模企業の高年齢者の賃金の決め方（再雇用評価率の導入）

はないかと思います。この方が老齢年金も満額受給したいとの希望であれば、さらに1割ダウンして基本給18万円で、老齢年金や高年齢雇用継続給付との併給の賃金を考えていくべきではないかと思います。

ここで大事なことは、最初から老齢年金ありきで賃金を考えないで、60歳時点で冷静に仕事ぶりを評価して、職務の内容に応じて評価した賃金を決めることではないかと思います。

これが賃金月額15万円前後のパートさんなどの再雇用であれば、前節のパターンCタイプの方になってきて、この賃金では老齢年金の併給調整とか考える必要がないので、ストレートに社長さんが仕事ぶりを80点と判断するのであれば、15万円の8割で職務給の基本給12万円と決めればいいのではないかと思います。

いかがですか、基本は60歳定年時の賃金を基準額として60歳時点の社長さんからみた仕事ぶりが、100点か80点かはたまた110点かで、その評価割合に応じた金額を再雇用の賃金額基本給と決定すれば大変わかりやすく、スムーズに運営できるのではないかと思います。

また、中には自分にはどうしても仕事ぶりを公正に評価できないお考えの社長さんもいると思います。小規模企業は社長さんで経営が100％ちかく決まるのです。社長さんが感じた評価が評価なのです。たとえば評価基準の一例として下記のような基準はいかがでしょうか？基準は社長さんの独自の

判断で決めればいいと思います。

「再評価基準事例」

評価基準	再雇用評価率
常にできている	80%〜110%
平均的にできている	60%〜80%
できないことがよくある	40%〜60%

　従業員さんから評価に対して反発があると思いますが、恐れてはいけないと思います。これがある意味ランチェスター法則の一騎打戦の決め方なのです。

　基本給がきまったら、再雇用時に1年または6ヶ月ごとの更新で契約するか、65歳までの契約でいくかを決めればいいのではないかと思います。会社のリスクを考えれば、1年または6ヶ月ごとの更新契約がベターではありますが、調査によるとこの毎年の更新が高年齢者の再雇用者のモチベーションを大幅にダウンさせているようです。

　このことを考えると、社長の右腕となり自己実現タイプの方であれば65歳までの5年契約も有効な雇用対策の一つではないかと思います。私も現在60歳なので分かりますが、いくら頑張っても1年後更新されないかもしれないと思ったらやる気は半減するのが人情ではないかと思います。但し、5年間は体力的なものもあり、5年間同じ賃金で雇用できないと不安があるのであれば、職務内容によっては基本給を見直すこ

第4章 小規模企業の高年齢者の賃金の決め方（再雇用評価率の導入）

とがあると契約書に定めて契約すればいいのではないかと思います。

社長さんいかがですか、この60歳時の賃金額を基準とした再雇用の職務給である基本給の考え方をご理解していただけましたでしょうか？なにも迷うことはありません、60歳時点の働きぶりで、賃金がきまる大変分かりやすくて従業員さんにも理解していただけるのではないかと思います。

3 賃金の基本パターンは大きく分類すると3分類に分けて考えよう！

ここの節では賃金基本パターンを大きく3分類にして考えてみたいと思います。

この本では、60歳時にもっている職務内容が、60歳定年時の賃金に対して、あなたの会社の賃金レベルでどれだけの評価になるかの評価点を仮に再雇用評価率として考えていきたいと思います。

つまり、再雇用評価率80％ということであれば、現在支払っている賃金（個人的な通勤手当や家族手当などは除く）に対して、今もっている仕事内容は再雇用時点では2割高いので50万円の賃金の方であれば50万円×80％＝40万円の賃金になるということです。

パターン	60歳時直前賃金	再雇用評価率 %	新基本給（職務給として）	タイプ別
A	50万円 （基本給30万円＋職能給10万円＋役職手当10万円）	120	60万円	自己実現型
		100	50万円	自己実現型
		80	40万円	自己実現型
		60	30万円	親和型
B	30万円 （基本給20万円＋職務給10万円）	120	36万円	親和型
		100	30万円	親和型
		80	24万円	親和型
		60	18万円	生理型
C	15万円 （基本給10万円＋5万円）	120	18万円	生理型
		100	15万年	生理型
		80	12万円	生理型
		60	9万円	生理型

　この表をみていただければお分かりかと思いますが、社長さんが一番悩むのがパターンA又はBの方の賃金の決定ではないかと思います。パターンCの方についてはパートさんなどが多い職種かと思いますのであまり悩まずに決定できると思います。なぜならこのパターンでは、年金は大半の方は満額支給になってくるので、従業員さんも受け入れやすいからです。

　なので、賃金が30万円前後の方からが、この本のテーマの一つの対象の方がたになってくるのではないかと思います。

第4章 小規模企業の高年齢者の賃金の決め方（再雇用評価率の導入）

　また、タイプ別ではザックリ再雇用賃金が40万円前後からが自己実現型・30万円前後からが親和型・10万円前後からが生理型になってくるのではないかと思います。

　この社長さんが決めた再雇用評価率での賃金で従業員さんとの話し合いで合意できれば再雇用になってきます。

　また、この本では既存の職能手当とか役職手当はなくなり新賃金は基本給と家族手当・通勤手当などになってきますが、基本的に再雇用者は体力面などから残業をさせないケースが多いと思いますから、残業単価の手当を含めて考える考えないといったことは不要となりますので、手当が少なくても問題ないと思います。どうしても手当を残したいということであれば、新基本給をいくらか手当に分ければいいと思います。

　先程の表ではAパターンの人は評価率60％までしか記載しませんでしたが、中には評価率50％もしくは40％のケースも従業員さんの状況によってはあると思います。

　しかし、私も現在60歳なので思いますが、あなた再雇用で賃金が半分になりますよと言われてやる気がおきてくるかどうか大変難しいものがあると思います。おそらくマズローの欲求5段階では一段階目の生理的欲求のステージにモチベーションはダウンしてしまうと思われます。このモチベーションを引き上げるのはなかなか難しいと思います。

　ここで多く社長さんは思われたのではないかと思います。60歳再雇用で7割とか6割とか簡単に決められるのかという

点ですが、法律では65歳までの再雇用の義務がありますが、それは60歳時点の賃金を補償しろと言っているのではなく、仮に、再雇用時の４割ダウンに対して従業員さんが納得できないということであれば、60歳で定年退職ということになります。雇用内容が合意できなかったのであり、再雇用を拒否したことにはならないということです。ちなみに従業員さんが再雇用を希望したのにもかかわらず再雇用の義務を守らなかったとしても、現在は罰則はありません。ただし、民事上の争いに発展していく可能性は否定できないと思います。

4 現状維持型・年金考慮型・パート型の賃金設計

　ここまで解説してきましたが、社長さんなんとなく再雇用の賃金のイメージができてきたのではないかと思います。自己実現型・親和型・生理型とマズローの欲求５段階説の視点で賃金の決め方を考えてきましたが、労務の視点から考えれば、自己実現型は現状維持型・親和型は年金考慮型・生理型はパート型と言い換えても当てはまるかとも思います。現役従業員さんのように、勤怠評価・業績評価・能力評価といった考え方ではなく、再雇用時にどのような仕事ができるか？また、どうしてもできる仕事がなければ、現役従業員さんの仕事を補佐する立場で働いてもらうなど、できる仕事の内容

第4章　小規模企業の高年齢者の賃金の決め方（再雇用評価率の導入）

について賃金を決定していく、それが先程の現状維持型か年金併用型かパート型の雇用形態となっていくことになると思います。

　毎年6ヶ月とか1年毎の更新により65歳まで雇用していくのであれば、社長さんは毎年更新時にどのように再雇用者のモチベーションを高めていくかが問題点であり悩ましいところかと思います。マズローの欲求5段階の一番目の生理型の方などをどのようにして安全型まで引き上げていくかなどは、なかなか難しいものがあると思います。

　ここで一つの提案ですが、再雇用評価率で賃金を決める考え方を話しましたが、私は毎年更新時にあくまでも60歳定年時の賃金水準をもとに、1回目の更新において60歳再雇用時の仕事内容よりも、レベルが向上しておれば、再雇用評価率が90％で賃金をきめたなら更新時には評価率を100％にして定年時と同額の賃金を支給する。または、再雇用評価率がダウンしておれば評価率70％で計算しなおした賃金で更新するといった対応はいかがかと思います。

　この齢になって思うのですが、自分がやってきた仕事の感覚は体に残っていますので、どれくらい頑張れば60歳時点の賃金額に見合う仕事をしているかは自覚できると思います。なので更新時に評価率に基づいて賃金を決定していくという考え方は、労使双方とも納得できるやり方ではないかと思います。あくまでも60歳再雇用なので業種に関係なく60歳時直

前の賃金水準をもとに、65歳までまたはそれ以降の賃金を決めていくというのが、小規模企業では大変分かりやすい賃金の決め方の一つになってくるのではないかと思います。

　社長さんいかがですか？この再雇用評価率という考え方が分かりやすいし、納得が得やすいランチェスター法則の第一法則（一騎打戦）にもマッチしたやり方ではないかと思います。

　余談ですが、65歳誕生日を過ぎて退職するか、又はその前前日以前に退職するかで雇用保険の給付が一時金の50日分（算定基礎期間１年未満のときは30日分）でおわるか150日分（被保険者期間20年以上）の基本手当が受給できるかどうかが、違うのでその辺は従業員さんにヒアリングして退職日を決めることも、この年代の方の対応には配慮のいるところかと思います。なんと100日分違ってきます。以外と知られていませんが、老齢年金も65歳未満は雇用保険と老齢年金は選択ですが、65歳以上は老齢年金も雇用保険も受給できますので社長さんの頭の中にこのような雇用保険の制度も考慮して、再雇用者の雇用を考えていただきたいと思います。

5 高年齢者雇用には雇用契約書は不可避！？

　ここで社長さんにお願いしたいことは、再雇用者については必ず雇用契約書の作成をお願いしたいと思います。

　小規模企業では、本来雇用時に労働条件通知書などの交付が義務づけられていますが、実態としてまだまだ口頭での契約になっているケースが多いのではないかと思います。この本をお読みの社長さんの会社では雇用契約書やパートなどの1年更新時には必ず雇用契約書など再度明示していますか？しっかりできている会社はまだまだ少ないのが小規模企業の実態ではないかと思います。

　ここの取扱いは労働基準法には下記のように定められています。

労働基準法　第15条

　「使用者は、労働契約の締結に際し、労働者に対して賃金、労働時間その他の労働条件を明示しなければならない。この場合において、賃金及び労働時間に関する事項その他厚生労働省で定める事項については、厚生労働省で定める方法により明示しなければならない。

　2 前項の規定によって明示された労働条件が事実と相違する場合においては、労働者は、即時に労働契約を解除することができる。

　3 前項の場合、就業のために住居を変更した労働者が、契

約解除の日から十四日以内に帰郷する場合においては、使用者は、必要な旅費を負担しなければならない」

このように、再雇用する時は新たに労働契約を締結するわけですので、労働条件の明示が必要になってきます。

今回提案の再雇用評価率によって基本給を決めるとか、一年ごとの更新であれば、そのことを明示しておくことが、後で話が違うなどというトラブル防止のためにも、法律に定めがあるなしに関わらず、労働条件は契約書に定めておくべきであると思います。

ご参考のため契約書のサンプルを掲載します。定年再雇用の時はその多くが契約書が嘱託契約になっていますが、私はそのような嘱託とかの名称はあえて使用しないほうがいいのではないかと思います。なにか嘱託と言われるとモチベーションがダウンするように思いますので、雇用契約書には嘱託の名称はあえて使っていません。

> **5分ノート**
> 「高年齢者の賃金は、基本はその職務内容で決定すべきであり、再雇用評価率の導入により、再雇用の賃金の決め方が、スッキリと分かりやすくなってくる。また、この再雇用評価率の導入により賃金設計が柔軟に対応できる」

第4章 小規模企業の高年齢者の賃金の決め方（再雇用評価率の導入）

再雇用労働契約書

契約期間	自平成 28 年 4 月 1 日　至平成 29 年 3 月 31 日　又は　期間の定めなし
就業場所	本社
従事すべき業務の内容	営業
勤務時間	始業・就業の時刻　9 時 00 分 より　18 時 00 分まで 休憩時間　12 時 00 分 より　13 時 00 分まで 　　　　　時　　分 より　　時　　分まで
休日	曜日、国民の祝日、その他（勤務時間・休日は業務の都合で変更することがある）
賃金	給与区分　　(月給)又は時給　再雇用評価率により更新時増減変動することがある 基本給　　(月給)又は時給　200,000 円（再雇用評価率により定める） 諸手当　　家族手当　5,000 円（扶養でなくなれば支給しない） 　　　　　手当　　　　　円 　　　　　通勤手当　1. 全額支給　(2.)定額支給　4,200 円 割増賃金率　労働基準法に従い支払う。実働8時間を超えた法定時間外25％など 社会保険加入状況　社会保険（勤務時間が正社員の4分の3未満となるとき加入できなくなります） 雇用保険（勤務時間が週20時間未満のとき加入できなくなります） 労災保険全員加入 有給休暇　労働基準法に従い与える。 その他条件　賞与（有・(無)）　昇給（(有)・無）　退職金（有・(無)） 締切日／支払日　毎月 20 日 締切／(当)・翌）月　末 日 支払 有期契約の時の更新条件　無（更新はしない）・(有)（解雇等に該当しない者は、本人の希望があれば原則65歳まで更新するものとする。勤務成績・勤務内容等による再雇用評価率により賃金は見直すものとする。
その他	労働契約期間中に自己都合退職で退職するときはおそくとも14日までに、会社に報告し承諾を得なければならない。会社の従業員としての適格性にかけるときや、就業規則の解雇理由に該当するときは、契約期間中でも解雇することがある。雇用管理の改善等に関する事項の窓口は社長とする。

　年　　月　　日

　　　　　労働者 氏名　　山田太郎　㊞
　　　　　　　所在地　石川県金沢市〇〇町65

　　　　　事業主 名称　　株式会社 〇〇 商事
　　　　　　　氏名　　　石川太郎　㊞

第5章

小規模企業だからこそ考えるべき高年齢者の第二退職金制度（三村式退職金制度）

1 小規模と大企業では高年齢者の賃金制度の考え方は違うのではないか？

　次に、小規模企業と大企業との賃金制度の違いについて考えてみたいと思います。小規模企業はこの本でも解説している、ランチェスター法則の第一法則（一騎打戦）の決め方が合っていると思いますが、第二法則（間隔戦）の決め方は大企業で多く採用されている方式です。つまり職能資格制度とか目標管理制度のように画一的に賃金を決めていく考え方です。その代表的な決め方が下記のような職能資格制度です。

第5章 小規模企業だからこそ考えるべき高年齢者の第二退職金制度(三村式退職金制度)

職能給表

号差	社員1級 600円	社員2級 800円	社員3級 1000円	社員4級 1,200円	社員5級 1,400円	社員6級 1,600円	社員7級 1,800円	社員8級 2,000円
1号	155,000	170,000	189,000	210,000	250,000	300,000	385,000	470,000
2	155,600	170,800	190,000	211,200	251,400	301,600	386,800	472,000
3	156,200	171,600	191,000	212,400	252,800	303,200	388,600	474,000
4	156,800	172,400	192,000	213,600	254,200	304,800	390,400	476,000
5	157,400	173,200	193,000	214,800	255,600	306,400	392,200	478,000
6	158,000	174,000	194,000	216,000	257,000	308,000	394,000	480,000
7	158,600	174,800	195,000	217,200	258,400	309,600	395,800	482,000
8	159,200	175,600	196,000	218,400	259,800	311,200	397,600	484,000
9	159,800	176,400	197,000	219,600	261,200	312,800	399,400	486,000
10	160,400	177,200	198,000	220,800	262,600	314,400	401,200	488,000
11	161,000	178,000	199,000	222,000	264,000	316,000	403,000	490,000
12	161,600	178,800	200,000	223,200	265,400	317,600	404,800	492,000
13	162,200	179,600	201,000	224,400	266,800	319,200	406,600	494,000
14	162,800	180,400	202,000	225,600	268,200	320,800	408,400	496,000
15	163,400	181,200	203,000	226,800	269,600	322,400	410,200	498,000
16	164,000	182,000	204,000	228,000	271,000	324,000	412,000	500,000
17	164,600	182,800	205,000	229,200	272,400	325,600	413,800	502,000
18	165,200	183,600	206,000	230,400	273,800	327,200	415,600	504,000
19	165,800	184,400	207,000	231,600	275,200	328,800	417,400	506,000
20	166,400	185,200	208,000	232,800	276,600	330,400	419,200	508,000
21	167,000	186,000	209,000	234,000	278,000	332,000	421,000	510,000
22	167,600	186,800	210,000	235,200	279,400	333,600	422,800	512,000
23	168,200	187,600	211,000	236,400	280,800	335,200	424,600	514,000
24	168,800	188,400	212,000	237,600	282,200	336,800	426,400	516,000
25	169,400	189,200	213,000	238,800	283,600	338,400	428,200	518,000
26	170,000	190,200	214,000	240,000	285,000	340,000	430,000	520,000
27			215,000	241,200	286,400	341,600	431,800	522,000
28			216,000	242,400	287,800	343,200	433,600	524,000
29			217,000	243,600	289,200	344,800	435,400	526,000
30			218,000	244,800	290,600	346,400	437,200	528,000
31			219,000	246,000	292,000	348,000	439,000	530,000
32				247,200	293,400	349,600	440,800	532,000
33				248,400	294,800	351,200	442,600	534,000
34				249,600	296,200	352,800	444,400	536,000
35				250,800	297,600	354,400	446,200	538,000
36				252,000	299,000	356,000	448,000	540,000
37				253,200	300,400	357,600	449,800	542,000
38				254,400	301,800	359,200	451,600	544,000
39				255,600	303,200	360,800	453,400	546,000
40				256,800	304,600	362,400	455,200	548,000
41				258,000	306,000	364,000	457,000	550,000
42						365,600	458,800	552,000
43						367,200	460,600	554,000
44						368,800	462,400	556,000
45						370,400	464,200	558,000
46						372,000	466,000	560,000
47						373,600	467,800	562,000
48						375,200	469,600	564,000
49						376,800	471,400	566,000
50						378,400	473,200	568,000
51						380,000	475,000	570,000

上記の表のように、1等級から8等級ぐらいに等級付けして、毎年1号2号と賃金が上がっていく、というものです。このシステムは役所や大企業では人事担当者などの人材も豊富ですので十分機能発揮する制度ですが、小規模企業では運用しにくい制度であると私は思っています。

　これに対して、再雇用評価率に基づいて従業員さんと一対一の対面のなかで個々にきめていくといったやり方は、まさにランチェスター法則の第一法則（一騎打戦）を応用した考え方ではないかと思います。

　この再雇用評価率というのは、社長さんが60歳をむかえる従業員さんと真正面から向き合って真剣に評価率を決めなければ、大企業と同じ画一的な評価になってしまいますので、従業員さんの家族状況や身体的状況なども含めてしっかり見つめ、考えるいい機会になってくるのではないかと思います。ここでしっかりした対応があれば、再雇用後しっかりと働いてもらえるのではないかと思います。このような考え方があればこれから考える退職金制度も制度として活きてくるのではないかと思います。

2　高年齢者に退職金制度（第二退職金）は必要か？

　ここの節では、再雇用の従業員さんに退職金は必要かどう

第5章　小規模企業だからこそ考えるべき高年齢者の第二退職金制度（三村式退職金制度）

かについて考えてみたいと思います。多くの企業では60歳定年で再雇用となっても一旦は退職金を支払っていると思います。一般的には再雇用と同時に嘱託従業員としての勤務形態になっているのが実態ではないかと思います。

　私は60歳ですが、再雇用で賃金も4割ダウン退職金もなしというのでは、やはり働くものとしてメリハリが無くなってしまうと思います。再雇用と言っても従来と変わらない勤務内容で働いていくわけです。アルバイトなら分かりますが、仕事の内容はあまり変わらないケースが大半ではないかと思います。

　ですから、私は再雇用従業員さんも現役より金額は少なくなってもしかたありませんが、退職金制度の導入を検討してもいいのではないかと思います。

　別のいい方をすれば第二退職金制度と言えるのではないかと思います。

　今日の日本の人手不足の時代において、この制度は他社との差別化になり、従業員さんのモチベーションも高めてくれるものだと思います。

　この考えいかがでしょうか？

　この制度は65歳までの勤務で5年間、70歳までの勤務で10年間の退職金です。60歳再雇用で70歳までの10年間で最大100万円ほどではないかと思います。ですから5年間では40万円ほどが上限ではないかと思います。5年で40万円が難し

ければ20万円でも金額はいいのではないかと思います。

この第二退職金制度があるというだけで、再雇用高年齢者の方々にとっては、定年後も働いていこうかなというときのプラスの要因に必ずやなってくれると思います。

3 まったく新しい月額加入比例方式の退職金の考え方（三村式退職金制度・MTS）

社長さん退職金制度と聞いて、再雇用高齢者さんは、多くの会社で既に退職金を支払われており、退職金は必要ないのではないかと思われたのではないでしょうか。また、この本をお読みの社長さんの中には、正規従業員にも退職金制度は導入していないのに、と思われている方もあるのではないかと思います。

ここで、確認の意味で退職金制度の基本的な意味を考えてみたいと思います。

退職金は一般的には下記のように言われています。

① 賃金の後払い説
② 功労報奨説
③ 老後の生活保障説

また、日本の退職金制度は日本独自の制度だといわれており、そのルーツは、江戸時代の奉公人が独立する際に、主人から独立するための資金と同時に屋号の使用許可を与えられ

第5章 小規模企業だからこそ考えるべき高年齢者の第二退職金制度(三村式退職金制度)

るという「暖簾わけ」制度がその始まりだとも言われています。

　いかがですか？私が実務上、色々なお客様とこの退職金制度のお話をすると、②の功労報奨の考え方の社長さんが多いような気がしますが、再雇用高齢者のケースではモチベーションの維持と勤続への感謝という意味合いが強いと思います。

　ところで、現在の日本の退職金制度の導入の状況は下記の表のような感じです。

退職給付(一時金・年金)制度の有無、形態別企業数割合

(単位:%)

企業規模・産業・年	全企業	退職給付(一時金・年金)制度がある企業[1]	退職一時金制度のみ	退職年金制度のみ	両制度併用	退職給付(一時金・年金)がない企業	(再掲)制度がある 退職一時金制度がある(両制度併用を含む)	退職年金制度がある(両制度併用を含む)
計	100.0	83.9 (100.0)	(55.3)	(12.8)	(31.9)	16.1	(87.2)	(44.7)
1,000人以上	100.0	95.2 (100.0)	(19.3)	(24.0)	(56.7)	4.8	(76.0)	(80.7)
300~999人	100.0	92.2 (100.0)	(30.7)	(23.7)	(45.6)	7.8	(76.3)	(69.3)
100~299人	100.0	88.0 (100.0)	(41.1)	(17.7)	(41.2)	12.0	(82.3)	(58.9)
30~99人	100.0	81.7 (100.0)	(63.0)	(9.9)	(27.1)	18.3	(90.1)	(37.0)
鉱業	100.0	96.4 (100.0)	(64.5)	(15.3)	20.2	3.6	(84.7)	(35.5)
建設業	100.0	91.9 (100.0)	(50.6)	(10.1)	(39.2)	8.1	(89.9)	(49.4)
製造業	100.0	88.8 (100.0)	(51.7)	(13.9)	(34.4)	11.2	(86.1)	(48.3)
電気・ガス・熱供給・水道業	100.0	100.0 (100.0)	(32.9)	(13.6)	(53.6)	―	(86.4)	(67.1)
情報通信業	100.0	89.3 (100.0)	(42.4)	(17.8)	(39.8)	10.7	(82.2)	(57.6)
運輸業	100.0	78.1 (100.0)	(59.8)	(13.7)	(26.5)	21.9	(86.3)	(40.2)
卸売・小売業	100.0	87.3 (100.0)	(55.2)	(12.6)	(32.3)	12.7	(87.4)	(44.8)
金融・保険業	100.0	95.6 (100.0)	(28.7)	(27.8)	(43.5)	4.4	(72.2)	(71.3)
不動産業	100.0	79.4 (100.0)	(69.6)	(9.9)	(20.5)	20.6	(90.1)	(30.4)
飲食店,宿泊業	100.0	69.9 (100.0)	(71.3)	(8.6)	(20.1)	30.1	(91.4)	(28.7)
医療,福祉	100.0	62.3 (100.0)	(82.2)	(3.4)	(14.3)	37.7	(96.6)	(17.8)
教育,学習支援業	100.0	79.9 (100.0)	(67.7)	(15.6)	(16.7)	20.1	(84.4)	(32.3)
サービス業(他に分類されないもの)	100.0	72.5 (100.0)	(61.1)	(11.2)	(27.6)	27.5	(88.8)	(38.9)
平成元年	100.0	88.9 (100.0)	(49.3)	(11.3)	(39.3)	11.1	(88.7)	(50.7)
5	100.0	92.0 (100.0)	(47.0)	(18.6)	(34.5)	8.0	(81.4)	(53.0)
9	100.0	88.9 (100.0)	(47.5)	(20.3)	(32.2)	11.1	(79.7)	(52.5)
15	100.0	86.7 (100.0)	(46.5)	(19.6)	(33.9)	13.3	(80.4)	(53.5)
20 ※	100.0	85.3 (100.0)	(53.1)	(13.2)	(33.7)	14.7	(86.8)	(46.9)

(出典:厚生労働省「就労条件総合調査(平成20年)」)

注:1) ( )内の数値は、退職給付(一時金・年金)制度がある企業に対する割合である。
 2) 調査期日は、平成11年以前は12月末日現在、平成13年から1月1日現在であり、調査年を表章している。
 3) 平成19年以前は、調査対象を「本社の常用労働者が30人以上の民営企業」としており、平成20年から「常用労働者が30人以上の民営企業」に範囲を拡大した。
  20 ※は、「本社の常用労働者が30人以上の民営企業」で集計したものであり、時系列で比較する場合にはこちらを参照されたい。

第5章　小規模企業だからこそ考えるべき高年齢者の第二退職金制度(三村式退職金制度)

　この表を見ていただければご理解できると思いますが、日本の企業は何らかの退職金制度を9割近くが採用しています。ところが、再雇用高齢者さんとなると詳しいデータがないので確かなことはいえませんが、ほとんど採用されていないというのが私の率直な感想です。

　社長さんのお知り合いで、果たして第二退職金制度がある会社があるでしょうか。

　正規従業員には②の功労報奨説に基づいて退職金の意味合いが考えられていますが、私は、再雇用高齢者さんには功労報奨説にではなくモチベーションの維持と勤続への感謝に基づいて退職金を考えるというのはきわめて当たり前のことではないかと思います。

　何故ならば、一生懸命に働いており、その1時間の労働の密度は現役時代とそれほど違わないと思います。

　このように考えると、正規従業員に退職金制度があって再雇用者さんが当たり前のようにないというのは、いささか不公平ではないかと思います。

　社長さんからみれば、一度支払っているのだしそのような制度は必要ないと考えられることも十分理解できます。しかし、どうでしょうか？お客様目線で考えれば、あなたの会社から対価をうけるのに、正規従業員から受けるのと再雇用高齢者さんからうけることに対して相違はないのです。お客様目線で考えれば同じな訳です。

売上げの源であるお客様に対してはその時間的な仕事に対する価値はなんら正規従業員とあまり変わらないのではないかと私は思っています。

　そうであるならば、再雇用者さんにも退職金制度は必要な取組みではないかと思います。

　ところで、社長さん現在の日本のおもな退職金積立制度は下記のような内容です。

その1　中小企業退職金共済制度

　この制度は日本の中小企業で一番普及している制度ではないかと思います。この本の読者の社長さんの会社でもこの制度を現役の従業員さんには採用しているケースが多いのではないかと思います。この制度は勤労者退職金共済機構中小企業退職金共済事業本部（機構・中退共本部）との共済契約により、退職金を準備するというものです。

①掛け金が全額損金参入ができる。

②国から助成がある。

③掛け金が短時間労働者であれば2,000円からなど一定している。

④退職金は従業員が退職してから2ヶ月以内に従業員の口座に振り込まれ、企業に支払われることはない。

などが大きなポイントです。

第5章 小規模企業だからこそ考えるべき高年齢者の第二退職金制度(三村式退職金制度)

その2　特定退職金共済制度

　この制度は、企業が所得税法施行令第73条に定める特定退職金共済団体（商工会議所・商工会・商工会連合会等）と退職金共済契約を締結して、企業に変わってこの団体から直接退職金を支払う制度です。

　①制度内容はその1の中小企業退職金共済制度に似ている。
　②中小企業退職金共済制度は中小企業しか加入できませんが、企業規模による加入制限は一切なし。

　この制度も、従業員の口座に振り込まれ、企業に支払われることはありません。

その3　厚生年金基金

　この制度は昭和41年に創設された制度で、企業が基金（特別法人）を設立して厚生年金部分の一部を代行部分として受け持つとともに、その上に加算部分として上乗せ給付を行う制度です。この加算部分が退職金積立制度に該当してくるわけです。この基金については、多くの基金が多額の積み立て不足が発生しており、これにともない基金の代行返上・解散が進んでおり、ついに厚生労働省は厚生年金基金の廃止まで打ち出しており、今後の動向が注目されるところです。

その4　日本版401ｋプラン

　この制度はアメリカの確定拠出型年金401ｋプランを手本

にして導入された年金制度で、個人型と企業型の2種類があります。

①個人型は個人が掛け金を拠出して、その運用成果を個人が受け取る。

②企業型は企業が掛け金を拠出して、受け取りは従業員となるもの。

③個人型・企業型とも、いづれも将来の受取額が保証されていないということと、拠出金の運用は個人又は従業員自身が自己責任でおこなうもの。

④給付については、60歳以前に給付できるのは原則

死亡した時か、一定の障害状態になったときのみで、それ以外は60歳にならなければ給付はうけられない。

逆にいうと、60歳以前に退職しても退職金は受給できないことになっています。

その5　確定給付企業年金

この制度は確定給付企業年金法の施行(平成14年4月1日)により、基金型・規約型・混合型という3種類の新しい企業年金が設けられました。

これらの新企業年金は、従来の「適年」や厚生年金基金などとは違い、退職年金等の受給権を保証するため、積立義務が明確化され義務化された。

①基金型企業年金
　厚生年金基金の代行部分を返上した形の新しい企業年金

②規約型企業年金
　法人税法によって設けられた「適年」の改良版

③混合型企業年金（日本版キャッシュ・バランス・プラン）
　日本版キャッシュ・バランス・プランは確定拠出年金の特徴をもつ確定給付型年金で、混合型年金といわれるものです。

その6　企業内退職金制度
①保険商品
　養老保険のような生命保険商品を将来の退職金の原資とする。
②預貯金（有税内部留保金）
　特に説明はいらないと思います。

　以上その6までに、現在の日本の退職金積立制度の概略と特徴を記載してみました。各制度とも詳細に解説すると、一冊の本になるくらいの内容ですが、いずれの制度も現役従業員さんの加入を前提にしており、60歳以降の再雇用者の制度導入には難しい内容ではないかと思います。

また、これらの制度は一部を除き会社が掛け金を毎月支払っても、その退職金は直接従業員個人の口座に振り込まれる制度です。また、制度設計も複雑な制度が多く、5年勤続で退職金はいくら支給されるとかが分かりにくい制度がほとんどです。

　私は再雇用高齢者さんであれば、これらのような、従来からの退職金制度ではなく、第二退職金としてもっとシンプルで簡単な制度を提案したいと思います。

　基本的に再雇用高齢者の平均勤続年数は何年になるか考えてみたいと思います。おそらく65歳までの5年間か最大70歳までの10年間ではないかと思います。

　一般的な従業員さんの退職金制度でも、10年勤続で60万円くらいから100万円が相場であると思われますので、再雇用者であれば5年で30万円、10年で60万円前後くらいでもいいのではないかと思います。5年勤続で30万円の退職金ということであれば、従来からある退職金制度のような積立制度までの制度設計を考えなくても、従業員さんに賞与を支払うほどの感覚で退職金を支給できるのではないかと思います。

　仮に10年で60万円とすると10年で120ヶ月勤務しているので、1月当たり5,000円の積立となります。

　10年勤続でなく5年であれば5,000円×12×5＝30万円ということになります。

　この考え方は大変分かりやすいと思いませんか？

第5章 小規模企業だからこそ考えるべき高年齢者の第二退職金制度(三村式退職金制度)

　これまでの退職金制度のように、何年勤続したら幾らといった考えではなく、何ヶ月勤続したので、その月数分の退職金幾らになりますよと定めると大変分かりやすいのではないかと思います。再雇用者の方は肉体的な問題もありますので65歳まで勤務したいと思っても63歳までしか勤務できないかもしれません。

　従って、退職時のこの本で紹介した再雇用評価率などの区分により、退職金の計算月数の月額の単価を3,000円・4,000円・5,000円などと決めていけば、再雇用者さんの退職金制度はすっきりと、大変分かりやすい制度になってくるのではないかと思います。この第二退職金制度のこの加入月額方式を私は三村式退職金制度（MTS）と命名したいと思っています。

　ちなみに、約2年前に私が出版した「サッと作れるアルバイト・パートの賃金・退職金制度」（経営書院）の中でもこの制度については解説しています。

【退職金シュミレーション】

（単位：万円）

	1年	2年	3年	4年	5年	6年	7年	8年	9年	10年
Ⅰ型 3,000円	3.6	7.2	10.8	14.4	18	21.6	25.2	28.8	32.4	36
Ⅱ型 4,000円	4.8	9.6	14.4	19.2	24	28.8	33.6	38.4	43.2	48
Ⅲ型 5,000円	6	12	18	24	30	36	42	48	54	60

　上記の表のような内容になってくるかと思います。

資金的に厳しければ、加入月額単価1000円で５年で６万円でも私は良いと思います。

4 高年齢者でも分かりやすい、誰でも自分の退職金がわかるのがいい！

　社長さんいかがですか？この第二退職金を三村式退職金制度で考えてみるのも分かりやすくていいと思いませんか？

　何ヶ月勤務かで、金額が分かるので、誰でも自分の退職金がイメージできます。

　私の思いですけれども、再雇用で現役時代のように勤務しても退職時に何もないというのは寂しいものです。

　これまで、あなたの会社を支えてきた大先輩方です。

　また、現在の日本は空前の人手不足を眼前に控えています。ある意味これまでと違い高齢者の方々にも頑張っていただかないと日本の社会は回らなくなりつつあります。

　あなたの会社で、再雇用高齢者の方が必要ないということであれば、このような第二退職金制度はいらないと思いますが、必要であれば、高齢者のモチベーションアップには必ずプラスになってくる取組みではないかと思います。

　各制度の特徴は下記の表の通りです。

第5章　小規模企業だからこそ考えるべき高年齢者の第二退職金制度(三村式退職金制度)

「三村式退職金制度・MTSとその他制度との比較」

制度	概略	支払方	懲戒解雇の支払	毎月の支払	退職後の持ち運び
三村式退職金制度・MTS	加入月額単価方式で計算が簡単で自由な設計ができる。	会社が支払う	退職金規定により支払わない。	特に必要なし。但し、退職時に全額損金計上する。	できない
確定給付企業年金	従業員の退職金を確定できる。不足のある時は会社が補填する。	直接従業員に支払うに	各規約による。	毎月の支払掛金は全額損金計上	できない
確定拠出企業年金・401K	毎月の掛金を個人名義で外部積み立てする。従業員に投資教育が必要となる。	直接従業員に支払うに	従業員に支払われる。	毎月の支払掛金は全額損金計上	できる 但し、条件あり
中小企業退職金共済制度	毎月の掛金を個人名義で外部に積立てする。掛金の減額は従業員の同意が必要となる。	直接従業員に支払うに	相当な理由があれば減額できるが会社に返ってこない。	毎月の支払掛金は全額損金計上	できる 但し、条件あり
前払い退職金	毎月の給料に上乗せする。実質的には給料と変わらない。	毎月支払うことで完了する	従業員に支払われる。	従業員の給与となることにより、所得税・社会保険料の負担が増える。	毎月支払うことで完了する
社内預金	資金不足に注意を要する。積立て時の税法の優遇はない。	会社が支払う	退職金規定により支払わない。	積立てに税法上の優遇措置はなし。	できない

5 月額加入比例方式の退職金制度であれば、退職金の積み立て制度は不要

　社長さんいかがでしょうか？先ほどの表からも社長さんの中には中退共で掛け金が一人5,000円であれば、毎月その分損金処理ができるではないかと思われるかと思います。

　確かに、三村式退職金制度（MTS）は毎月の積立がないので、毎月の経費処理はできません。しかし、退職金の支払時には退職金として、損金処理ができますので、毎月経費が発生するか、退職時に経費が発生するかの違いです。

　また、現在の税制では勤続20年までは毎年40万円の退職金の退職所得控除があり、20年分で800万円まで、21年以上では毎年70万円の退職所得控除があります。再雇用者の方であれば通算すると20年以上のかたも多いと思いますが、税法の退職所得控除としては、一旦退職金を受給したときは新たな雇用になるので、退職所得控除はまた新たな１年からのスタートとなります。従って仮に65歳までの再雇用であれば40万円の５年分の200万円までの退職所得控除があります。70歳まで勤務すればその倍の400万円の退職所得控除が可能です。なので受給する側からみますと、ほとんどの再雇用者は退職金として受け取るときは所得税がかからず非課税で受給できまると思います。

　再雇用者でよく頑張っていると社長が判断するのであれ

第5章 小規模企業だからこそ考えるべき高年齢者の第二退職金制度(三村式退職金制度)

ば、退職金の功労報奨説に基づいて、退職金をいくらか規定よりも増額して支給する。たとえば5,000円単価の方であれば10年勤続で60万円ですが、支給率を1.1倍とか1.2倍とか規定を定めて運用すれば、再雇用者さん達のモチベーションは上がってくるのではないかと思います。5年でなんと最大で200万円非課税になるのです。大変効果的な取組みになってくるのではないかと思います。

　私は、日本の税制の中で、この退職金制度がもっとも税金のかからない制度の一つではないかと思っています。

　三村式退職金制度(MTS)はあくまでも、再雇用高齢者さんの退職金制度なので、退職金積立制度まで考えませんでしたが、とくに積立制度まで考えなくても賞与を支給するほどの金額かと思いますのであえて毎月の積立まで考えなくてもいいのではないかと思います。また、この退職金制度はある意味アルバイト・パートさんなどの雇用対策にも活用できるのではないかと思います。

　今回提案の三村式退職金制度(MTS)の考え方はいかがでしたでしょうか？ともすれば、退職金とイメージすれば何年勤続で幾らとか連想しますが、この制度であれば3年5ヶ月勤続であれば、5,000円×41＝20万5,000円となり、どなたでも簡単に自分の退職金が計算できます。中退共のような制度ですと、直接従業員さんの口座に送金されてしまい、退職時に会社に損害など与えても退職金の減額支給などできない

のが現実です。やはり私は退職金は退社時に社長なり、上司が直接手渡しできる制度でなければ、せっかく退職金をもらっても、本人としてはあまり感謝の気持ちがおきてこないのではないかと思います。

中には、退職時に重要な書類にサインしてもらう必要がある時など、直接会社にきてもらえば、サインなどもスムーズにしてもらえるのではないかと思います。

また、再雇用高齢者さんであれば、毎年1年ごとの更新契約も多いと思います。例えば、4月更新であれば、経営者としたら、年度途中で勝手に退職されるとこまりますので、4月から3月までの1年間の契約期間内に退職するときは、退職金を1割か2割減額しますといった規定にすれば、契約期間中に退職するといったことをいくらかでも軽減できてくるのではないかと思います。

私もこの退職金制度を考えるにあたり、高齢者の方にヒアリングしましたが、月額加入比例方式は分かりやすいし、仕事にヤル気がおきてくるとのことでした。

ましてや、そのほとんどの方が退職金制度などないものと思っているため、かなりインパクトがあるような気がしました。会社も何百万円も経費がかかってくるわけでもないので、特別な退職金積立制度の導入は不要であり、社長がその気になれば、明日からでも制度導入が可能です。まして、既存の正規従業員の退職金制度があったとしても、バッティングす

る箇所もないので、既存の退職金制度との調整もまったく不用です。

いかがでしょうか？私はこのことにより、当社は退職金制度ありとなれば、結果的にいくらかでも他社であるライバル会社への労働力流失対策の一つとなってくると思います。また、求人においてもかなりの強味になってくるのではないかと思います。

仮に、正規従業員さん向けの退職金制度を導入していないのであれば、正規従業員さんにも適応してもいいのではないかと思います。

6 退職後はあなたの会社の協力的な応援団になっていただく

三村式退職金制度（MTS）について考えてきましたが、あまりにもシンプルな制度なので、拍子抜けの感があると思います。

再雇用高年齢者さんからみれば、退職金規程をよく読みこまないと分からないような制度こそナンセンスだと思います。やはり、賃金や退職金制度などは分かりやすいのが一番だと思います。

ところで、3年前の平成25年4月1日より労働契約法（新18条）が改正され5年を超えて有期労働契約を更新した場合、

その有期労働契約の労働者が申し込めば、無期契約へ転換される制度が始まりました。また、有期労働契約とその次の有期労働契約の間に、契約がない期間が６ヶ月以上あるときは、その空白期間の次ぎの契約から改めて５年間カウントすることになり、（契約法新18条２項）これをクーリングということで、このような新しい法律がスタートしました。

　従って企業によっては、５年後正規従業員にまで転換できない企業であれば、５年で一旦退職してまた、６ヶ月経過したら、また雇用するといった会社も出てくるのではないかと私は思っています。

　但し、高年齢再雇用者さんのケースではこの無期契約転換の申し出は適用除外になりますので、65歳になったからと言って無期契約の転換の申し出があっても応じる必要はありません。この制度は一般的には有期契約のパートさんなどが該当してくると考えれば分かりやすいのではないかと思います。

　また第二退職金制度を導入することにより、あなたの会社の評判も上がり、高年齢再雇用者さんが退職した後も、他社ではやっていないので、あなたの会社に対して感謝の気持ちをいつまでも抱いてくれるのではないかと思います。

第5章 小規模企業だからこそ考えるべき高年齢者の第二退職金制度（三村式退職金制度）

> **5分ノート**
> 「月額比例方式の退職金制度（三村式退職金制度）は分かりやすく、定年再雇用者のモチベーションの維持と、求人などにおける他社との差別化戦略の一つになってくる」

第6章

賃金制度と第二退職金制度の連動

1 会社独自の賃金・退職金制度の適用される会社があなたの周りにありますか？

　この章では、賃金制度と退職金制度の連動について考えてみたいと思います。ところで、この本で提案している再雇用評価率によって賃金額を個別に決めていくといった考え方や、再雇用者の第二退職金制度などの考え方は、ほとんどの社長さんは初めて聞くことかと思います。現に私も社会保険労務士の仕事を通して多くの小規模企業の社長さんとお話しする機会がありますが、聞いたことがありません。逆に言えばこれまで高年齢者の賃金などの雇用対策については多くの企業では、あまりないケースのため真剣に考えてこなかったというのが本音の世界ではないかと思います。現に私も、60

第6章　賃金制度と第二退職金制度の連動

歳となり実感として感じられるようになってきたのでここまで考えるキッカケになったのではないかと思っています。

このように、再雇用高年齢者の雇用対策は今まで会社にとって一番の貢献者にも関わらずないがしろにされてきているのです。そもそも60歳までと仕事内容はほとんど変わらないのに、あなたは老齢年金と雇用保険がもらえるから一方的に再雇用につき4割賃金はダウンします、などといったことは、受ける側からすれば多少とも矛盾を感じる対応ではないかと思います。それなら6割の仕事内容でいいのかとなってしまいます。受ける側からすれば、4割仕事を少なくしていくなどといったことは、現実問題できにくいと思います。勤務時間が8時間から5時間など短縮されるのであれば、4割ダウンも納得できますが、再雇用後も賃金以外労働条件が変わらないとすれば、この再雇用は定年という美名のもとによる、大幅な労働条件の悪化と言われてもしかたないと思います。これが定年再雇用でなく現役の従業員さんであれば、大幅な労働条件の不利益変更ということで、訴訟になってしまうのではないかと思います。労働契約法第8条は次のようになっています。「重要な労働条件である賃金の減額・切り下げや労働時間の延長（労働条件の不利益変更）については、使用者が自由にできるものではなく、労働者の合意や一定の手続きが必要である。賃金、労働時間等の労働条件は、労働契約、就業規則、労働契約等により定められている。労働契

約は、契約自由の原則が適用され、労働基準法等の強行法規に反しない限り、労使の合意により労働条件を変更することができる。」となっています。このように原則契約内容の変更が合意できれば、4割ダウンといった内容も法律違反にはなってこないということです。極端な話であれば最低賃金額まで賃金ダウンが可能ということになります。

　このように、再雇用というのは、ある意味労働基準法などからも思い切って労働条件を変更できるチャンスの時となります。高年齢者法などの改正により、本人が希望すれば65歳までの雇用の義務がある以上、これからは小規模企業といえども、社長さんは明確な考えを持って賃金などを決めていかないと、この空前の人出不足の時代になっていく中で、人材を確保できなくなってくると思います。

　どんなに仕事があっても、その仕事をやってくれる人がいなければどうにもならない訳です。ですから、他社との差別化戦略を考えていく中でも、考え方によっては最大の労務対策の一つとなってくるのではないかと私は思っています。

　その点読者の社長さんは、この本で紹介している再雇用評価率や第二退職金制度の採用導入だけでも十分対策の一つになってくると思います。しかも、多くの賃金関係書籍にあるような複雑の仕組みは必要でなく、あくまでも60歳のときの賃金額を基準に再雇用評価率で賃金を決めていくので、業種にかかわらず、シンプルに賃金決定ができて、第二退職金と

第6章 賃金制度と第二退職金制度の連動

連動するなかで、その効果は最大に発揮されると私は思っています。

2 高年齢者こそ退職金制度に敏感

　第二退職金制度を実際に働いている多くの高年齢再雇用者の方にヒアリングして聞いてみました。実感としては、予想以上に喜ばれました。そのほとんどの方が、退職金は支給されないと思っているので、5年で30万円しかも非課税というのは決して高い金額ではありませんが、インパクトはあると感じました。

　一般的なサラリーマンであれば65歳になれば年金は満額受給となりますが、平均的な年金月額約20万円に対して30万円は年金月額の1.5ヶ月分に相当することになってきます。

　ですから65歳の時は年金が13.5カ月分支給になると思えば何となくわくわくしてきます。もしよく頑張ってくれた方なので倍の60万円支給すれば、年金月額3ヶ月分に相当してきます。いかがでしょうか？年金生活者にとっては、大変ありがたい退職金ということになってくると思います。60歳のときの退職金と65歳で受給する退職金ではその実感が随分相違してくると思います。60歳のときはまだ、住宅ローンの残りとか、子供さんの大学入試とかお金がかかるケースも多いと思いますが、65歳以上になると、大方住宅ローンなども終わっ

ており、純粋なご夫婦での趣味や旅行などの生活費になってくるのではないかと思います。従って第二退職金制度は前章で解説したように、モチベーションの維持と勤続に対する感謝という意味合いになってくるのではないかと思います。ましてや、65歳でなく70歳・75歳まで勤務するとなればそれに応じて退職金の額も多くなってきますので、高年齢再雇用者の方のモチベーションの維持には十分効果を発揮してくれる制度になってくれると思います。

地元石川の新聞に、高齢化の市町村が記事になっていましたが、石川では高齢化トップの市町村では65歳以上がなんと約4割に達しているとの記事が出ていました。4割です、ザックリ2人に1人が65歳以上の市があるのです。このことも考えれば70歳・75歳まで勤務するということもある意味時代の流れではないかと思います。

従って、退職金制度は長く再雇用で勤務すればするほど、その退職金の意味合いは増してくるのではないかと思います。

3 賃金と退職金の連動の考え方

この説では、賃金と退職金をどのように具体的に連動させるかを考えてみたいと思います。60歳再雇用では、60歳到達直前の賃金に今できている仕事を基準に今後できる仕事内容で評価を決めるため再雇用評価率80％であれば、8割の賃金

第6章　賃金制度と第二退職金制度の連動

が再雇用後の賃金になると記載しました。この再雇用評価率を基準にして、決まった賃金が30万円以上であれば退職金の月額単価5,000円とか考えたらいかがかと思います。このように再雇用後の賃金額から退職金制度の月額単価を考えればスッキリわかりやすく納得がえられるのではないかと思います。

たとえば具体的には下記のようなイメージではいかがでしょうか？

「再雇用評価率で決まった賃金月額による単価」

再雇用時賃金	退職金月額単価
40万円以上	6,000円
30万円以上	5,000円
20万円以上	4,000円
20万円未満	3,000円

いかがでしょうか？このように考えるとスッキリ分かりやすいのではないかと思います。このように毎月3,000円とか6,000円が1ヶ月勤務が増えればたまっていくと思うと何となく心が温かくなってきませんか？これが退職金の月額単価方式の面白いとろではないかと思います。

またこの退職金制度は、途中で退職したら、一般的な退職金制度では支給率を7割にするとかいった制度内容になっていますが、高年齢再雇用者の方にはそんな減額規定などいら

ないのではないかと思います。いままで会社を支えてきていただいた大先輩方です。気持ちよく退職金を支払いたいものです。但し、1年更新で途中で退職されると困るような業務であれば、多少とも期間途中の退職のときは1割・2割減額などの取り組みがあってもいいのではないかと思います。

65歳・70歳・75歳退職のときのさきほどの退職金単価で計算すると下記のようになります。

再雇用時賃金	65歳時	70歳時	75歳時
40万円以上	36万円	72万円	108万円
30万円以上	30万円	60万円	90万円
20万円以上	24万円	48万円	72万円
20万円未満	18万円	36万円	54万円

いかがですか？社長さんがもっと支払いたいと思うのであれば、退職金月額単価を引き上げるか退職時に功労加算金を支払うなどの対応でいけるのではないかと思います。

但し、社長さん退職金を支払うと決めて規程化すれば将来お金がないから支払えないといったことは、従業員さんの同意がない限りできなくなってくるということはご理解頂きたいと思います。

このようなことも踏まえて、退職金規程を作成するならば下記のような内容でいかがかと思います。

第6章　賃金制度と第二退職金制度の連動

「第二退職金の計算と支払い方」
(適用範囲と考え方)
第1条　この規程の適用には、高年齢再雇用者又は高年齢者の新規雇用に適用するものとする。なお、当社の退職金を支給するときは、モチベーションの維持と勤続への感謝として支給するものとする。

(退職金の算定方式)
第2条　退職金は加入月額単価方式で、再雇用・新規雇用からの在職月数に応じて、再雇用・新規雇用時に定められた月額単価の勤務月数分支給するものとする。月額単価は3,000円から5,000円の範囲内で再雇用・新規雇用の賃金額で個人ごとに定めるものとする。

(退職金額)
第3条　当該規程の適用を受ける再雇用・新規雇用の高年齢者が1ヶ月以上勤務した場合であって、次の各号のいずれかに該当する事由により退職したときは、再雇用・新規雇用からの勤務月数に月額単価をかけたものを支給するものとする。

　(1)　更新の契約期間満了により退職したとき
　(2)　65歳に達したとき
　(3)　業務外の私傷病により担当職務に耐え得ないと認めたとき

(4)　業務上の私傷病によるとき

　(5)　会社都合によるとき

2　再雇用・新規雇用高年齢者が、次の各号のいずれかに該当する事由により退職したときは、前項の8割を支給するものとする。

　(1)　自己都合により契約期間中に退職するとき

　(2)　休職期間が満了して復職できないとき

(退職金の減額)

第4条　懲戒処分があった場合には退職金の不支給若しくは減額をすることがある。

(勤続年数の計算)

第5条　第2条の勤続月数の計算は、雇い入れた月から退職の月までとし、1月に満たない端数月は切り上げる。

2　休職期間及び業務上の負傷又は疾病以外の理由による欠勤が1ヶ月を超えた期間は勤続月数に算入しない。

(退職金の支払方法)

第6条　退職金は、会社が再雇用者・新規雇用高年齢者(当事者が死亡した場合はその遺族)に支給する。

2　退職金の支給は原則社長が直接支給するものとする。

(退職金の加算)

第7条　在職中の勤務成績が特に優秀で、会社の業績に功労顕著であったと会社が認めた再雇用・新規雇用高年齢者に対し、退職金を特別に加算して支給することがある。

この規則は　平成　　年　　月　　日から施行するものとする。

4 賃金・退職金の具体的な決め方

この説では、具体的な事例をもとに賃金・退職金の決め方を考えてみたいと思います。

60歳到達直前の賃金を下記のような方のケースを考えてみたいと思います。

基本給　20万円　役職手当５万円　職能手当５万円
家族手当１万円　通勤手当１万円　支給合計32万円
年金支給開始62歳在職老齢年金月額10万円とする
（業種に関係なくあくまでも60歳到達直前の賃金を基準とする）

「ステップ１」

この方の再雇用評価率を決める

評価率の基準となる賃金は家族手当と通勤手当を除いた合計額30万円とする

　その１　再雇用評価率が100％の時
　　　60歳直前賃金　30万円×100％＝30万円
　その２　再雇用評価率が70％の時

60歳直前賃金　30万円×70％＝21万円
　その３　再雇用時評価率が50％の時
　　　60歳直前賃金　30万円×50％＝15万円

「ステップ２」
　新賃金内訳が決まる
　その１の時　基本給30万円　家族手当１万円
　　　　　　　通勤手当１万円　合計32万円
　その２の時　基本給21万円　家族手当１万円
　　　　　　　通勤手当１万円　合計23万円
　その３の時　基本給15万円　家族手当１万円
　　　　　　　通勤手当１万円　合計17万円

「ステップ３」
　再雇用賃金で再雇用者が合意するかどうか話し合う
　老齢年金とか高年齢雇用継続給付を受給したいので、提案賃金を減額してほしいとの希望があれば再設計する。
　どうしても提案賃金で合意できなければ、定年退職の手続きとなる。

「ステップ４」
　合意した賃金で退職金月額単価を決める
　この本のサンプルにしたがうならば

第6章　賃金制度と第二退職金制度の連動

その１の時は　　退職金月額単価　　5,000円
その２の時は　　退職金月額単価　　4,000円
その３の時は　　退職金月額単価　　3,000円

「ステップ５」

年金と高年齢雇用継続給付を希望した方の賃金を決める

　高年齢雇用継続給付は５年以上雇用保険の加入者で60歳到達直前の平均の賃金月額に対して低下率が61％以下のときは60歳以降の賃金額の15％。また、低下率が61％を超えて75％未満のときは60歳以降の賃金額×低下率に応じて15％より低減した率で計算した額となります。また老齢年金は60歳から65歳までは、年金の基本月額と加入している厚生年金の総報酬月額相当額の合計が28万円を超えると厚生年金が一部支給停止になります。65歳からは47万円を超えると、厚生年金が一部支給停止になります。但し、65歳以降の老齢基礎年金は47万円の合計額には含めませんのでご理解のほどお願いします。

　よって今回のケースの方が昭和31年生まれの方であれば、在職老齢年金は62歳からの支給となりますので、62歳までは年金の支給停止は該当しない方になりまので、雇用保険の継続給付を満額受給するのであれば４割賃金ダウンとなります。

「計算」
賃金総額32万円（諸手当を含んだ額）

×60％＝19万2千円（再雇用後の賃金）

高年齢雇用継続給付金は192,000円×15％

＝28,800円（2ヶ月に一回65歳まで受給できる）

62歳まで雇用保険を含めれば

192,000円＋28,800円＝220,800円となる

62歳になって老齢年金を受給すると

年金月額10万円＋総報酬月額相当額190,000円＝290,000円

になるので年金との併給調整により、

290,000円－280,000円＝10,000円

10,000円÷2＝5,000円

この5千円が年金月額10万円からマイナスされて支給されることになります。

次に高年齢雇用継続給付と老齢年金を併給するときは標準報酬月額19万円の6％が支給停止になりますので11,400円さらに年金が支給停止になります。従って年金月額は10万円－5,000円－11,400円＝83,600円の支給となります。

62歳から65歳まで年金と雇用保険を含めて

192,000円＋83,600円＋28,800円＝304,400円

従ってこのケースですと62歳からは老齢年金もほぼ満額で受給できることになってくることになります。

以上のような考えで、年金とか雇用保険を満額で受給しようと思うと、年金月額10万円の方でしたら賃金が38万円を超えると年金は全額支給停止となってしまいます。但し、高年

第6章　賃金制度と第二退職金制度の連動

齢継続給付は賃金が4割ダウンしないと受給できないので、このような再雇用の賃金設計になってくると、個人ごとに適正額が大幅に相違してきますので、個別の対応が必要となってきます。ですから、年金事務所で念のためシュミレーションなどしてもらって決めることが必要かと思います。この再雇用の賃金の決め方で日本の大手企業はそのほとんどが4割か5割ダウンの賃金設定となっているのです。在職老齢年金などの受給に関してはこの本の最後に掲載している早見表などを参考にしてみればよく分かると思います。

「ステップ6」
　雇用契約書を交わす

　このような流れで賃金額が決定しましたら、今度は雇用契約書に1年更新なのか65歳までの契約なのかをしっかり取り決めて契約する。1年の更新時にも再び60歳時賃金をベースに再度再雇用評価率で更新時の賃金を決める。

　以上6つのステップを考えてきました。社長さんいかがですか、この流れであれば、比較的スムーズに再雇用者の賃金決定ができてくるのではないかと思います。このようなステップをしっかり踏むことによって、再雇用の従業員さんとの信頼関係をより強固にできるのではないかと思います。

5 思い切って時給による賃金制度も、合理的な賃金の決め方です！

　社長さんこの本では再雇用者さんの賃金を月給で考えてきましたが、第4章で解説したパターンCの方などパートさんが多いと思います。そのような方であれば現在時給の方も多いと思いますが、今現在は月給であっても再雇用で日給・時給などの賃金の決め方に変更してもいいのではないかと思います。建設業では日給制などで支払っている会社も確かに多いと思います。

　そのように考えると、労働時間が正規従業員よりも短い勤務条件の再雇用であるならば、私は時給の決め方がなんといっても分かりやすく、計算も単純で残業代などの計算も簡単であるなど、ある意味この時給というのは賃金の支払いの計算方法としては、合理的で計算も簡単にできるなど、最も理にかなった制度ではないかと思います。再雇用評価率につきましては、再雇用評価率による賃金を毎月の労働時間で割って時給単価を逆算して決めることができると思います。

　また、月給であれば毎月の勤務日数が異なるのに賃金は同じであり、残業代の計算も変形労働時間制などを採用していると複雑になってきますし、再雇用者さんのように、ある程度職種が決まっていて、勤務時間も短時間の方であればやはり月給よりは時給がベストの賃金の決め方ではないかと思い

第6章　賃金制度と第二退職金制度の連動

ます。

　私は、なにも正規従業員は月給であるとしなくても、正規従業員であってもこの時給正規従業員制度というのは、あってもいいのではないかと思います。

　会社全員がこの時給で賃金を決めるとなると、勤務時間の管理がしっかりさえしていれば、残業代の計算も簡単であり、会社として休みの多いゴールデンウイークの5月とか夏休みの8月、正月の1月などは勤務時間が少ないので人件費も少なくてすみます。

　会社の賃金制度としても、この時給単価をどのように従業員ごとに決めていくかで、会社の賃金制度も非常に簡単な仕組みで運用ができるようになってきます、労働者の方も自分の勤務時間が分かるので自分の賃金も簡単に計算できます。私も前職は保険会社でしたので、よく思ったものです。自分の賃金明細をみて何故このような金額になってくるのか、何度明細をみても理解に苦しむ内容でした。

　この本の読者の社長さんで、以前大手企業に勤務経験のある方はご理解いただけると思いますが、自分の給料でありながら、何故このように支給されているのか理解できないといったケースは多々あるのではないかと思います。

　このように考えていくと、この時給という考え方は、短時間労働者さんだからという考えではなく、正規従業員さんにも導入することは、決しておかしいことでもないし、ある意

味この賃金というものが、経営者と従業員の間でガラス張りになり、もっとも不平不満のない合理的な賃金制度になってくることも考えられると私は思っています。

是非この読者である社長さんも新しい会社をつくる時などは、私の提案の時給正規従業員制度というものもご検討いただければ幸いです。

6 具体的賃金シュミレーション事例

社長さんこの説では、具体的な事例を考えてみますので御社の従業員さんをイメージして頂けたら幸いに思います。この説では社会保険料まで含んでシュミレーションしてみたいと思っています。

「賃金50万円の方のケース」

賃金50万円というと小規模企業の会社では部長さんクラスの賃金かと思います。いわば会社にとってはキーマンとなってくる人材であることが多いと思われます。このような方は、会社の役員になってもらってもいいケースもあるかと思います。従って60歳定年再雇用での賃金については社長さんはかなり悩むのではないかと思います。再雇用で現状の50万円は維持したいが、できたら再雇用になるので賃金ダウンして再雇用できないかなど頭の中を駆け巡ると思います。私の提案

第6章 賃金制度と第二退職金制度の連動

は社長さんがこの方は現状維持もしくは賃金をアップしてでも再雇用したいのであれば、賃金ダウンなど考えずに再雇用評価率100％でストレートに提案してみるべきであると思います。その話の中で、高年齢雇用継続給付や老齢年金など受けたいという希望であれば、評価率80％とか60％といった賃金の提案をしていくべきではないかと思います。提案を受ける側からすれば、もっと会社のため頑張っていきたいと思っている従業員さんからみれば最初から再雇用評価率80％と社長さんから言われれば、なんだ社長はこの程度しか俺を評価してくれてないんだなと思ってしまいかねません。あまり、評価していない従業員さんであればいいかもしれませんが、会社のキーマンとなるような方の時は十分考慮して話をすすめるべきではなかと思います。

（具体的事例）
「在職老齢厚生年金月額10万円が62歳から支給で65歳からは老齢基礎年金月額6万円が加算されて年金月額16万円のかたのケース」

（このシュミレーションの社会保険料等のデーターは平成28年1月1日付けの料率を使用しています。所得税は毎月の賃金分で扶養1名として計算しています。また老齢年金の所得税は計算に入れていません）

137

再雇用評価率100%のとき
再雇用前賃金50万円

再雇用評価率 100%のとき	60歳から 62歳まで	62歳から 65歳まで	65歳から 70歳まで
新賃金 (賞与はないものとする)	500,000 円	500,000 円	500,000 円
高年齢雇用 継続給付	0 円	0 円	なし
老齢年金	0 円	0 円	老齢基礎年金　60,000 円 老齢厚生年金　35,000 円 年金合計　　　95,000 円
収入合計	500,000 円	500,000 円	595,000 円
健康保険	28,875 円	28,875 円	24,925 円
厚生年金	44,570 円	44,570 円	44,570 円
雇用保険	2,500 円	2,500 円	0 円
所得税	15,230 円	15,230 円	15,720 円
控除合計	91,175 円	91,175 円	85,215 円
合計	408,825 円	408,825 円	509,785 円

　このケースよくみていただければと思いますが、65歳までは年金も雇用保険も受給できないケースですが、このような自己実現タイプの再雇用者を目指したいものです。

第6章　賃金制度と第二退職金制度の連動

　このように、約50万円以上の賃金の方になると、年金月額10万円など考えるよりは、バリバリ働いたほうがいいと言えないでしょうか？このような自己実現タイプが多い会社では、定年そのものを60歳でなくて65歳にされていいのではないかと思います。定年65歳であれば、65歳時の賃金を基本に今回提案の再雇用評価率で65歳以降の再雇用を考えていけばいいのではないかと思います。このケースでは65歳以降老齢厚生年金が6万5千円支給停止になっていますが、満額支給は年金と社会保険の総報酬月額相当額が47万円を超えない必要がありますので、賃金が37万円以下であれば満額支給で賃金が57万円以上になると老齢厚生年金は全額支給停止になります。但し、老齢基礎年金は支給停止にはなりません。

再雇用評価率80%のとき
再雇用前賃金50万円

再雇用評価率 80%のとき	60歳から 62歳まで	62歳から 65歳まで	65歳から 70歳まで
新賃金 (賞与はないものとする)	400,000 円	400,000 円	400,000 円
高年齢雇用 継続給付	0 円	0 円	なし
老齢年金	0 円	0 円	老齢基礎年金　60,000 円 老齢厚生年金　80,000 円 年金合計　140,000 円
収入合計	400,000 円	400,000 円	540,000 円
健康保険	23,677 円	23,677 円	20,438 円
厚生年金	36,547 円	36,547 円	36,547 円
雇用保険	2,000 円	2,000 円	0 円
所得税	8,210 円	8,210 円	8,620 円
控除合計	70,434 円	70,434 円	65,605 円
合計	329,566 円	329,566 円	474,395 円

(新賃金40万円は在職老齢年金の計算では標準報酬月額の等級では41万円になりますので41万円で計算しています。)

第6章 賃金制度と第二退職金制度の連動

　再雇用評価率80％は100％のときと、同じようなイメージになってきますが、65歳以降の年金についてはほぼ満額受給となってきます。年金に関しては65歳以降は老齢基礎年金月額6万円は賃金との併給調整には該当しないので満額受給となってきます。また、賃金が40万円なので老齢厚生年金がほぼ満額にちかく、65歳以降も同じ賃金で更新するとすれば年金を含んだ受給額は再雇用で賃金50万円の時とくらべて10万円賃金がダウンしているにも関わらず控除後の年金などを含んだ手取りで見れば賃金は約3万円ほどの相違にしかなっていません。この主な原因は限度額47万円の老齢年金と年金月額との併給調整によるものです。

　また、このシュミレーションでは70歳以降の雇用については計算していませんが、70歳以降は厚生年金の保険料、75歳以降は健康保険の保険料の負担はなくなります。老齢厚生年金と賃金との併給調整は70歳以後も社会保険加入条件を満たす雇用内容で勤務すれば、65歳以降の老齢厚生年金の併給調整は継続していきます。従って、年金のマイナスされるのが、どうしてもいやであれば、1日4時間などの短時間勤務で勤務すれば、社会保険加入義務者でなくなってきますので、賃金がいくらであったとしても老齢厚生年金の併給調整はなくなりますので、年金が満額支給となります。このようなことも頭の片隅に入れておいていただきたいと思います。

再雇用評価率60%のとき
再雇用前賃金50万円

再雇用評価率 60%のとき	60歳から 62歳まで	62歳から 65歳まで	65歳から 70歳まで
新賃金 (賞与はないものとする)	300,000 円	300,000 円	300,000 円
高年齢雇用 継続給付	23,340 円	23,340 円	なし
老齢年金	0 円	40,000 円 −9,360 円 30,640 円	160,000 円 (満額支給)
収入合計	323,340 円	353,980 円	460,000 円
健康保険	17,325 円	17,325 円	14,955 円
厚生年金	26,742 円	26,742 円	26,742 円
雇用保険	1,500 円	1,500 円	0 円
所得税	5,140 円	5,140 円	5,240 円
控除合計	50,707 円	50,707 円	46,937 円
合計	272,633 円	303,273 円	413,063 円

第6章 賃金制度と第二退職金制度の連動

このケースあたりから、年金と高年齢雇用継続給付との併給調整における影響がでてくる再雇用の賃金水準ではないかと思います。高年齢雇用継続給付の賃金の上限額が平成28年1月の段階では447,600円なので、この金額をもとにしたダウン率できまります。30万円はこの金額でいくと67％になってくるので、61％までダウンしてないので30万円の15％45,000円とはならず23,340円の給付となっています。62歳からの年金につきましては総報酬月額相当額との合計額が10万円＋30万＝40万円で28万円を12万円こえるためその半額の6万円が支給停止になってきます。また、老齢年金と高年齢者雇用継続給付をうけるときは、標準報酬月額の数％が併給調整となるため9,360円の年金の支給停止がかかってきます。65歳以降は高年齢雇用継続給付の支給はないのでこの年金の支給停止はありません。このようにこの30万円前後からが年金と高年齢雇用継続給付の受給のバランス効果が一番発揮され始める賃金のおとしどころになってくるのではないかと思います。

ポイントは下記の内容の支給停止部分を考えて賃金を決めるか決めないかです。

「高年齢雇用継続給付と老齢厚生年金と賃金との併給調整のポイント」
その1　会社の賃金と老齢厚生年金を両方からもらうと老齢

厚生年金の支給停止が始まる。但し65歳までと65歳以降では支給停止額が変わる。

その2　高年齢雇用継続給付と老齢厚生年金を両方からもらうと老齢厚生年金の支給停止が始まる。但し65歳まで。

その3　会社の賃金と老齢厚生年金と高年齢雇用継続給付の三つからもらうと老齢厚生年金がその1とその2で計算された額の合計額が支給停止が始まる。

第6章 賃金制度と第二退職金制度の連動

再雇用評価率50％のとき
再雇用前賃金50万円

再雇用評価率 50％のとき	60歳から 62歳まで	62歳から 65歳まで	65歳から 70歳まで
新賃金 (賞与はないものとする)	250,000 円	250,000 円	250,000 円
高年齢雇用 継続給付	37,500 円 (15％満額)	37,500 円 (15％満額)	なし
老齢年金	0 円	60,000 円 −15,600 円 44,400 円	160,000 円 (満額支給)
収入合計	287,500 円	331,900 円	410,000 円
健康保険	15,015 円	15,015 円	12,961 円
厚生年金	23,176 円	23,176 円	23,176 円
雇用保険	1,250 円	1,250 円	0 円
所得税	3,500 円	3,500 円	3,640 円
控除合計	42,941 円	42,941 円	39,777 円
合計	244,559 円	288,959 円	370,223 円

(新賃金25万円は在職老齢年金の計算では標準報酬月額の等級では26万円になりますので26万円で計算しています。)

このシュミレーションでは62歳から老齢厚生年金の受給のケースを考えていますが、男性で昭和36年4月2日以降生まれの方は、65歳からの年金受給になりますので、62歳を年代によっては63歳・64歳と読み替えて考えていただきたいと思います。この25万円ですと高年齢雇用継続給付は15％の最大の受給率の適用となり、62歳からの年金も満額までいきませんが、約半額まで支給される賃金水準となってきました。私が日常の業務の中で賃金の相談が多いのものこの賃金あたりが多くなってきます。

「賃金30万円の方のケース」

再雇用評価率100%のとき
再雇用前賃金30万円

再雇用評価率 100%のとき	60歳から 62歳まで	62歳から 65歳まで	65歳から 70歳まで
新賃金 (賞与はないものとする)	300,000 円	300,000 円	300,000 円
高年齢雇用 継続給付	0 円	0 円	なし
老齢年金	0 円	40,000 円	160,000 円 (満額支給)
収入合計	300,000 円	340,000 円	460,000 円
健康保険	17,325 円	17,325 円	14,955 円
厚生年金	26,742 円	26,742 円	26,742 円
雇用保険	1,500 円	1,500 円	0 円
所得税	5,140 円	5,140 円	5,240 円
控除合計	50,707 円	50,707 円	46,937 円
合計	249,293 円	289,293 円	413,063 円

今回の30万円のケースは先程の30万円のケースと違い賃金のダウンがないので、高年齢雇用継続給付が支給の対象とはなってこなくなります。従って同じ30万円ですが、60歳時の賃金額によっては、給付の差が発生してくるということになってきます。

第6章 賃金制度と第二退職金制度の連動

再雇用評価率80%のとき
再雇用前賃金30万円

再雇用評価率 80%のとき	60歳から 62歳まで	62歳から 65歳まで	65歳から 70歳まで
新賃金 (賞与はないものとする)	240,000 円	240,000 円	240,000 円
高年齢雇用 継続給付	0 円	0 円	なし
老齢年金	0 円	70,000 円	160,000 円 (満額支給)
収入合計	240,000 円	310,000 円	400,000 円
健康保険	13,860 円	13,860 円	11,964 円
厚生年金	21,394 円	21,394 円	21,394 円
雇用保険	1,200 円	1,200 円	0 円
所得税	3,290 円	3,290 円	3,360 円
控除合計	39,744 円	39,744 円	36,718 円
合計	200,256 円	270,256 円	363,282 円

　この25万円前後の賃金決定の会社も実は、小規模企業の会社では大変多いケースかと思います。このケースくらいから62歳までの、年金無年金時代の対応も考えなければならないケースではないかと思います。賃金を含めて30万円前後ある

方は、年金支給開始時期がいくらかは、問題となってこないと思いますが、今回のようなケースの方であると、無年金時代調整手当などで5万円上乗せして考えるといった取り組みも必要ではないかと思います。

第6章 賃金制度と第二退職金制度の連動

再雇用評価率60%のとき
再雇用前賃金30万円

再雇用評価率 60%のとき	60歳から 62歳まで	62歳から 65歳まで	65歳から 70歳まで
新賃金 (賞与はないものとする)	180,000 円	180,000 円	180,000 円
高年齢雇用 継続給付	27,000 円	27,000 円	なし
老齢年金	0 円	100,000 円 −10,800 円 89,200 円	160,000 円 (満額支給)
収入合計	207,000 円	296,200 円	340,000 円
健康保険	10,395 円	10,395 円	8,973 円
厚生年金	16,045 円	16,045 円	16,045 円
雇用保険	900 円	900 円	0 円
所得税	1,430 円	1,430 円	1,500 円
控除合計	28,770 円	28,770 円	26,518 円
合計	178,230 円	267,430 円	313,482 円

このケースですと、62歳からの年金はほぼ満額支給となります。65歳以降も引続き年金は満額支給となってきます。

第6章 賃金制度と第二退職金制度の連動

再雇用評価率50％のとき
再雇用前賃金30万円

再雇用評価率 50％のとき	60歳から 62歳まで	62歳から 65歳まで	65歳から 70歳まで
新賃金 (賞与はないものとする)	150,000 円	150,000 円	150,000 円
高年齢雇用 継続給付	22,500 円 (15％満額)	22,500 円 (15％満額)	なし
老齢年金	0 円	100,000 円 -9,000 円 91,000 円	160,000 円 (満額支給)
収入合計	172,500 円	263,500 円	310,000 円
健康保険	8,662 円	8,662 円	7,477 円
厚生年金	13,371 円	13,371 円	13,371 円
雇用保険	750 円	750 円	0 円
所得税	530 円	530 円	630 円
控除合計	23,313 円	23,313 円	21,478 円
合計	149,187 円	240,187 円	288,522 円

このケースは高年齢雇用継続給付と老齢年金ともに満額受給できるケースとなります。これまで顧問先でもこのような満額受給を考慮した賃金設計の依頼がよくありました。社長さんいかがですか？このケースでも老齢厚生年金が62歳からしかもらえなくなってきましたので、62歳までは調整手当でいくらか調整する必要があると思います。このようなケースが小規模企業ではこれまで多く採用されてきたのではないかと思いますが、これまでのように60歳から年金が受給できないので、もし実施するとすれば、年金受給開始までの調整手当などの手当が必要とされるのではないかと思います。

第6章 賃金制度と第二退職金制度の連動

「賃金15万円のかたのケース」

再雇用評価率100％のとき
再雇用前賃金15万円

再雇用評価率 100％のとき	60歳から 62歳まで	62歳から 65歳まで	65歳から 70歳まで
新賃金 (賞与はないものとする)	150,000 円	150,000 円	150,000 円
高年齢雇用 継続給付	0 円	0 円	なし
老齢年金	0 円	100,000 円 (満額支給)	160,000 円 (満額支給)
収入合計	150,000 円	250,000 円	310,000 円
健康保険	8,662 円	8,662 円	7,477 円
厚生年金	13,371 円	13,371 円	13,371 円
雇用保険	750 円	750 円	0 円
所得税	530 円	530 円	630 円
控除合計	23,313 円	23,313 円	21,478 円
合計	126,687 円	226,687 円	288,522 円

　この15万円前後の方からは、一般的にはパートさんなどの雇用のケースになってくると思います。再雇用評価率100％

で再雇用したケースですが、高年齢継続給付は受給できないケースとなります。

再雇用評価率80%のとき
再雇用前賃金15万円

再雇用評価率 80%のとき	60歳から 62歳まで	62歳から 65歳まで	65歳から 70歳まで
新賃金 (賞与はないものとする)	120,000 円	120,000 円	120,000 円
高年齢雇用 継続給付	0 円	0 円	なし
老齢年金	0 円	100,000 円 (満額支給)	160,000 円 (満額支給)
収入合計	120,000 円	220,000 円	280,000 円
健康保険	6,814 円	6,814 円	5,882 円
厚生年金	10,518 円	10,518 円	10,518 円
雇用保険	600 円	600 円	0 円
所得税	0 円	0 円	0 円
控除合計	17,932 円	17,932 円	16,400 円
合計	102,068 円	202,068 円	263,600 円

第6章　賃金制度と第二退職金制度の連動

　この再雇用評価率80％のケースでは最低賃金ギリギリのケースかと思います。パートさんなどの再雇用には対応できる条件ではないかと思います。

再雇用評価率60％のとき
再雇用前賃金15万円

再雇用評価率 60%のとき	60歳から 62歳まで	62歳から 65歳まで	65歳から 70歳まで
新賃金 (賞与はないものとする)	90,000 円	90,000 円	90,000 円
高年齢雇用 継続給付	13,500 円 (満額支給)	13,500 円 (満額支給)	なし
老齢年金	0 円	100,000 円 −5,280 円 94,720 円	160,000 円 (満額支給)
収入合計	103,500 円	198,220 円	250,000 円
健康保険	5,082 円	5,082 円	4,387 円
厚生年金	8,736 円	8,736 円	8,736 円
雇用保険	450 円	450 円	0 円
所得税	0 円	0 円	0 円
控除合計	14,268 円	14,268 円	13,123 円
合計	89,232 円	183,952 円	236,877 円

(新賃金9万円は在職老齢年金の計算では標準報酬月額の等級では8万8千円になりますので8万8千円で計算しています。)

第6章　賃金制度と第二退職金制度の連動

　このケースになると、勤務時間を短縮したパートさんなどの再雇用の事例になってくるのではないかと思います。

　いかがでしたでしょうか？代表的なケースを現在50万円・30万円・15万円の方のケースで具体的にシュミレーションしてきました。おそらく、社長さんの会社の従業員さんはどのパターンかのケースになってくるかと思いますので、本書のシュミレーションをその方のケースに連想していただければ、イメージがスッキリとしてくると思います。そして新賃金を自信を持って提示できることになってくると思います。

　これらの事例のように、定年再雇用で一律4割ダウンの考え方は大企業の考え方であり、これからの日本の小規模企業では個人ごとにいろいろなケースがあり、一律4割ダウンの考え方は人手不足の日本ではできなくなってきたと同時に、終わったと言えなくもないと私は昨今思います。60歳定年に様々な形の賃金で多くの人が迎え、その60歳定年でのこれまで培ってきた実力が再雇用での賃金となり、再スタートしていくわけです。なので、60歳再雇用ほどある意味一律に賃金を決めることができない世代であるとも言えるのではないかと思います。まさに人生いろいろです。

　巻末の資料にも、シュミレーションの表を掲載しておきますのでご参考にしていだけたら幸いです。

7 65歳直前に退職するか65歳以降で退職するかで変わる雇用保険と老齢年金受給

前節で65歳までの再雇用と70歳までの再雇用の、賃金の具体的なシュミレーションをみてきましたが、その中で仮に62歳で退職したとき、当然年金と雇用保険の失業保険の給付を受給しようとすれば、老齢年金との選択になってきます。しかし、65歳の誕生日の前々日までに退職し、20年以上雇用保険の被保険者であった期間があれば、自己都合退職で150日分の基本手当が支給されますが、この基本手当は65歳の誕生日の翌月から支給される老齢年金との併給調整の対象になってきません。従って年金と雇用保険の両方を受給できることになってきます。

以外とご存知ない方が多いと思いましたので、ご参考のため記載しました。ちなみに65歳以降の退職では雇用保険は高年齢求職者給付金で50日分の一時金となります。従って、65歳直前で退職するか65歳以降で退職するかで基本手当として100日分相違してきます。ただし、雇用保険はあくまでも仕事を求めて求職活動をしていることが受給の前提条件であることはご理解いただきたいと思います。ですから、65歳までの再雇用の方で今後もどこかで働く気持ちの方であれば、65歳になるまでに、自己都合で退職して再就職活動をするという選択肢もないことはないと思います。社長さんとしてこの

第6章 賃金制度と第二退職金制度の連動

ようなこともあるということは頭の片隅に置いて頂きたいと思います。

「雇用保険と老齢年金の受給の65歳前後の関係」

	65歳前々日までに退職したケース	65歳以降に退職したケース
雇用保険給付	「基本手当」 （自己都合退職の時） 被保険者であった期間 10年未満　**90日分** 10年以上20年未満 　　　　　**120日分** 20年以上　**150日分**	「高年齢求職者給付金」 算定基礎期間 1年以上 　　　　　**50日分** 算定基礎期間 1年未満 　　　　　**30日分**
老齢年金受給	基本手当との選択	どちらからも受給できる。但し65歳以降の老齢年金から

　雇用保険に関しては、これまでは65歳までに入社しないと雇用保険に加入できませんでしたが、来年から65歳以降新たな会社に入社しても雇用保険の加入ができるように改正になるようです。ですから、益々65歳以降も働くメリットが増

えてきていると言えます。

> **5分ノート**
> 「賃金と退職金は連動した考え方で運営して、大枠として自己実現型・親和型・生理型に区分した考え方で賃金を設計して、70歳までの雇用も前提に考える賃金・退職金制度が益々重要となってくる時代である」

エピローグ

高年齢者の第一定年・第二定年の考え方

1 第二定年までいたいと思わせる仕組み

　社長さんいよいよエピローグまできました。ここまで読まれてこれまでの高齢者再雇用のイメージは変わりましたでしょうか？益々、高齢化が進展している日本においては、まさにこの60代の雇用がこの人手不足解決の重要なポイントの一つになってきたのではないかと私は思っています。

　ところで、第二定年までいたいと思わせることは、やはり社長さんの会社が魅力があるかどうかということにも連動してくることだと思います。

　本書で紹介した、三村式退職金制度や、再雇用評価率などの導入も必要かと思いますが、最終的には人間ですから、高年齢者の方がこの社長の為だったらまた頑張ってみるかと

いった気持ちが起きてこなければなかなか難しいものがあると思います。もちろん年金だけでは食べていけないので生活のためやむなく働くこともあると思いますが、ベースにあるのは気持ち励まし労りではないかと思います。小規模企業では、ランチェスター法則の第一法則である一騎打戦の戦い方が、もっとも効果を発揮できる戦い方になると思いますので、従業員さん個々の実態をしっかり把握して、常に励まし育成することだと思います。そして高年齢再雇用者の方につきましてはプラス労りの心を社長さんが持っていれば、その心は従業員さんの心の中に入っていくのではないでしょうか？

そのようなベースがあって初めて、第二退職金制度や再雇用評価率といった制度もうまく回転していくのではないかと思います。

2 退職金は第一定年時には一旦支払、再雇用と同時に月額加入比例方式制度に

ここで今一度退職金制度についてまとめてみたいと思います。小規模企業ではそもそも退職金制度そのものがない会社も多いのではないかと思います。従って現役の従業員さんにもないのに、再雇用者にだけ制度を導入するということは現実問題として難しいことであると思います。

エピローグ　高年齢者の第一定年・第二定年の考え方

　従って、それに代わる提案ですが、加入月額方式の考え方を応用して、1年勤続したら月額単価がたとえば3,000円なら12ヶ月分の36,000円を賞与として毎年支払うなどといった取組みもあるのではないかと思います。

　たとえば、本来の賞与10万円であればプラス再雇用勤続加算として36,000円支給するといった内容で対応されてもいいのではないかと思います。いずれにしても会社の高年齢再雇用者の方への労りの心がいくらかでも伝わるのではないかと思います。

　退職金は第一定年で60歳または65歳などで一旦支払われて、その後第二退職金として加入月額比例方式の退職金制度の提案をしていますが、税務上の取り扱いは、60歳または65歳で一旦退職するので、継続勤務と考えれば20年以上の勤務となりますが、再雇用なので税務上ではまた新たに1年目からの退職所得控除40万円の税務上非課税枠計算となります。従って継続すれば20年を超えた時は1年につき70万円の退職所得控除の非課税枠はありましたが、再雇用のため活用できなくなってきます。簡単に言えば60歳再雇用で65歳まで5年間勤務すれば40万円の5年間で200万円の非課税枠があるということです。定年時に20年以上継続勤務であれば70万円の5年間で350万円の非課税枠となりますが、一旦60歳で退職して退職金を受給し、再雇用となると最大でも200万円の非課税枠となるということです。

この200万円は税金がかからないのです。従って退職金で受給すれば第二退職金が年金の約3ヶ月分である60万円を受給しても、まったく税金がかかってこないことになります。

　このように日本の税制の中で私はこの退職金制度が一番有利な税金対策の一つではないかと思います。この視点からも、第二退職金制度はご検討の価値は十分あると思います。65歳まででなく、70歳まで10年間の勤続となると非課税枠も400万円になり、退職金も65歳時の倍になってきますので、その効果はさらにアップしてくることになります。

3 60歳以上を新しく採用する時、活用できる助成金の活用も検討

　これまでは、高齢者の再雇用の話をメインに考えてきましたが、60歳以上の方を新規採用するケースもあると思います。新規求人などにおける求人票に当社は退職金制度ありと記載されていれば、求職者の方に与えるインパクトは強いものがあると思います。

　ここで社長さんに知っておいていただきたい情報として職業安定所等を通しての求人で、60歳以上の方が入社してきたとき、下記の助成金が該当するかもしれないので頭の片隅に入れておいていただきたいと思います。

エピローグ　高年齢者の第一定年・第二定年の考え方

助成金事例

「特定求職者雇用開発助成金」

　条件

　職安等の紹介で一般労働者として雇入れ、助成金終了後も引き続き相当期間雇用することが確実であると認められる事業主

対象労働者

（短時間労働者以外の者）

　　高年齢者（60歳以上65歳未満）

　　助成対象額60万円（大企業は50万円）

　　助成対象期間　1年間

（短時間労働者）

　　高年齢者（60歳以上65歳未満）

　　助成対象額40万円（大企業は30万円）

　　助成対象期間　1年間

「高年齢者雇用開発特別奨励金」

　条件

　職安等の紹介により、1週間の所定労働時間が20時間以上の労働者として雇入れ、かつ1年以上継続して雇用することが確実であると認められる事業主

対象者

（短時間労働者以外の者）

 高年齢者（満65歳以上の者）

 助成対象額60万円（大企業は50万円）

 助成対象期間　1年間

（短時間労働者）

 高年齢者（満65歳以上の者）

 助成対象額40万円（大企業は30万円）

 助成対象期間　1年間

担当窓口　　ハローワークまたは労働局

　ザックリ代表的な助成金を二つ紹介しましたが、助成金に該当するかどうか、さらに詳細な基準がありますので、このような労働者を採用する時は必ず職安に該当する方かどうか確認することをお勧めします。よくあるケースとして折角採用したのにも関わらず、基準に該当していないので対象外でしたというケースはよくあるので宜しくお願い申し上げます。

　いかがでしょうか？一般の労働者であれば年間60万円ということは月額5万円になってきます。このような高齢者の方を二人採用すれば年間120万円月額10万円人件費が圧縮できます。是非活用できるものであれば、活用したい助成金です。

エピローグ　高年齢者の第一定年・第二定年の考え方

助成金の魅力は何と言っても返還の義務がないということもあると思います。

　この本では高年齢者の定年による再雇用をメインに考えてきましたが、この助成金の対象者となるような新規雇用も人手不足の現在の日本では十分考えられることかと思います。新規雇用の時は再雇用評価率のもとになるデータがないのでどうするかですが、提案の一つとしては、面接時に前職での60歳退職時の賃金をどれくらいもらっていたかを教えてもらうか、できれば賃金の明細書などで確認して、面談の中であなたの会社で働いていたと仮定して再雇用評価率を低めに評価して賃金を決めるというのはどうでしょうか？１年ごとの更新での期間雇用になってくるので、更新時にまた再雇用評価率で再修正して更新していけば、再雇用評価率の考え方は新規の採用の時にも応用できるのではないかと思います。

　これまで、高年齢者の雇用の賃金の決め方などお話ししてきましたが、ご参考になったでしょうか？再雇用評価率とか第二退職金制度としての三村式退職金制度は、なにも数日かけて研修を受けなければ実施できないような取り組みではないと思います。

　明日からでもその気になれば実施できる制度です。

　このような取り組みが、高年齢者の方々のいくらかでも活性化につながっていき、現在の日本の人手不足の解決策の一つになっていけば著者としてこの上ない喜びです。本書を最

後までお読み頂き深く感謝申し上げます。この本の読者の社長さんの会社のご繁栄を心より祈念申し上げます。　　感謝

> **5分ノート**
>
> 「これからの日本は、高年齢者の方に第二定年までいたいと思わせる仕組みが必要となってきた。また、高年齢者の新規雇用などには、助成金などの活用も視野にいれて、積極的に高年齢者の雇用を推進していかなければならない時代になってきた」

まとめ

　最後までお読みいただき、大変有難うございました。

　「サッと作れる小規模企業の高齢再雇用者の賃金・第二退職金」について、いくらかイメージを持っていただけましたか？

　実は私は、この本で9冊目になります。5年前「サッと作れる零細企業の就業規則」を経営書院から出版していただき、今回でシリーズ5冊目になります。私も60歳になり、小規模企業の社長さんが60歳定年再雇用の賃金の決め方に悩んでいるお話をお聞きするたびに、なにかお役に立てることができないか、自分自身だったらどう思うかなど多忙な社長さんでも悩まずに賃金を決められないかとの思いが消えませんでした。

　このたび、お蔭様でまた経営書院から出版させていただけることになり感謝の気持ちで一杯です。5年前まで、本を書こうなどと、考えたこともありませんでした。また、私は字が下手なので、読むことは億劫ではありませんでしたが、こと書くことには大変臆病でした。

　そんな私が書く決心をしたのは、5年前の開業10年目で、なにか自分に区切りをつけなければならないと決意したのがキッカケです。また、名古屋の私が入塾している北見塾の北

見昌朗先生やその他多くの塾生の方が、本を出版されていることに刺激をうけたのかもしれません。また、開業時から尊敬しているランチェスター経営で有名な竹田先生のお話で、自分は大変字がへたくそで文章など一番苦手であったが、人の３倍かけて書いた。そして今ではベストセラーの本もでている。仮に文章が苦手な方は人の三倍かけて書けばいいとのお話をお聞きし感動しました。このようなことを通して、今回の出版にいたりました。多くの先生方のご支援があったからこそだと深く感謝申し上げます。

　また、出版に関しましてインプルーブの小山社長には大変お世話になり有難うございました。それに、経営書院の編集部のご指導には深く感謝申しあげます。

　今回のテーマである、高年齢者再雇用向けの、賃金・退職金の本が今まであまり出版されていなかったので、私でも書けたのではないかと思っています。この本に書かれていることは、同業者の社会保険労務士の方や賃金コンサルタントの方から見れば、三村さんのいう賃金の決め方や退職金制度はおかしいし、そのような形で賃金を決めるべきでないとお叱りをうけるかもしれないと思っています。しかし、小規模企業の会社であれば、私は、複雑な賃金理論はいらないのではないかと思っています。また、会社が何百人もいるような規模の会社であれば、やはり、賃金コンサルタント等に相談されて、本格的な再雇用の賃金制度に着手していくべきではな

まとめ

いかと思います。

　この本が、社長様が高年齢者の再雇用においてこれまで以上に関心をもっていただき、また日本の現在の人手不足の重要な対策のキッカケの一つになれば幸いかと思っています。

　いづれにしても、賃金は人間が生活していくうえで根本的な課題です。この本をお読みいただいた社長さんが、高年齢再雇用者さんの適正な賃金がいくらになるべきかを理解していただき、会社が益々発展されることを心より祈念致します。

　日本の４人に１人が65歳以上の高年齢者の比率と言われていますが、この人生の大先輩がたの活性化なくして日本の将来はないのではないかと思う昨今です。この本がいくらかでも活性化にお役にたてれば著者としてこの上ない喜びです。

　本当に最後までお読みいただき大変有難うございました。

　　　　　　　　　　　　　　　　　　　　　　　　感謝

最後まで私の本を読んでいただき大変ありがとうございました。

参考文献

「高年齢者雇用時代の人事・賃金管理」 二宮孝著
経営書院
「小さな会社☆社長ルール」 竹田陽一著
フオレスト出版
「なぜ会社の数字は達成されないのか」竹田陽一著
フオレスト出版
「小さな会社☆儲けのルール」竹田陽一／栢野克己著
フオレスト出版
「退職金制度と積立制度」 三宅直著　経営書院
「世界最強チェーンを作ったレイ・クロックの5つの教え」
中園徹著　日本能率協会マネジメントセンター
「サッと作れるアルバイト・パートの賃金・退職金制度」
三村正夫著　経営書院
「最新　アメリカの賃金・評価制度」笹島芳雄著
日本経団連出版
参考データ　厚生労働者　賃金基本統計調査

巻末資料

巻末資料

平成27年9月分(10月納付分)からの健康保険・厚生年金保険の保険料額表

- 健康保険料率:平成24年3月分〜 適用
- 介護保険料率:平成27年4月分〜 適用
- 厚生年金保険料率:平成27年9月分〜平成28年8月分 適用
- 子ども・子育て拠出金率:平成24年4月分〜 適用

(東京都) (単位:円)

標準報酬			報酬月額		全国健康保険協会管掌健康保険料				厚生年金保険料(厚生年金基金加入員を除く)			
					介護保険第2号被保険者に該当しない場合 9.97%		介護保険第2号被保険者に該当する場合 11.55%		一般の被保険者 17.828%※		坑内員・船員 17.936%※	
等級	月額	日額			全額	折半額	全額	折半額	全額	折半額	全額	折半額
			円以上	円未満								
1	58,000	1,930	〜	63,000	5,782.6	2,891.3	6,699.0	3,349.5				
2	68,000	2,270	63,000〜	73,000	6,779.6	3,389.8	7,854.0	3,927.0				
3	78,000	2,600	73,000〜	83,000	7,776.6	3,888.3	9,009.0	4,504.5				
4	88,000	2,930	83,000〜	93,000	8,773.6	4,386.8	10,164.0	5,082.0				
5(1)	98,000	3,270	93,000〜	101,000	9,770.6	4,885.3	11,319.0	5,659.5	17,471.44	8,735.72	17,577.28	8,788.64
6(2)	104,000	3,470	101,000〜	107,000	10,368.8	5,184.4	12,012.0	6,006.0	18,541.12	9,270.56	18,653.44	9,326.72
7(3)	110,000	3,670	107,000〜	114,000	10,967.0	5,483.5	12,705.0	6,352.5	19,610.80	9,805.40	19,729.60	9,864.80
8(4)	118,000	3,930	114,000〜	122,000	11,764.6	5,882.3	13,629.0	6,814.5	21,037.04	10,518.52	21,164.48	10,582.24
9(5)	126,000	4,200	122,000〜	130,000	12,562.2	6,281.1	14,553.0	7,276.5	22,463.28	11,231.64	22,599.36	11,299.68
10(6)	134,000	4,470	130,000〜	138,000	13,359.8	6,679.9	15,477.0	7,738.5	23,889.52	11,944.76	24,034.24	12,017.12
11(7)	142,000	4,730	138,000〜	146,000	14,157.4	7,078.7	16,401.0	8,200.5	25,315.76	12,657.88	25,469.12	12,734.56
12(8)	150,000	5,000	146,000〜	155,000	14,955.0	7,477.5	17,325.0	8,662.5	26,742.00	13,371.00	26,904.00	13,452.00
13(9)	160,000	5,330	155,000〜	165,000	15,952.0	7,976.0	18,480.0	9,240.0	28,524.80	14,262.40	28,697.60	14,348.80
14(10)	170,000	5,670	165,000〜	175,000	16,949.0	8,474.5	19,635.0	9,817.5	30,307.60	15,153.80	30,491.20	15,245.60
15(11)	180,000	6,000	175,000〜	185,000	17,946.0	8,973.0	20,790.0	10,395.0	32,090.40	16,045.20	32,284.80	16,142.40
16(12)	190,000	6,330	185,000〜	195,000	18,943.0	9,471.5	21,945.0	10,972.5	33,873.20	16,936.60	34,078.40	17,039.20
17(13)	200,000	6,670	195,000〜	210,000	19,940.0	9,970.0	23,100.0	11,550.0	35,656.00	17,828.00	35,872.00	17,936.00
18(14)	220,000	7,330	210,000〜	230,000	21,934.0	10,967.0	25,410.0	12,705.0	39,221.60	19,610.80	39,459.20	19,729.60
19(15)	240,000	8,000	230,000〜	250,000	23,928.0	11,964.0	27,720.0	13,860.0	42,787.20	21,393.60	43,046.40	21,523.20
20(16)	260,000	8,670	250,000〜	270,000	25,922.0	12,961.0	30,030.0	15,015.0	46,352.80	23,176.40	46,633.60	23,316.80
21(17)	280,000	9,330	270,000〜	290,000	27,916.0	13,958.0	32,340.0	16,170.0	49,918.40	24,959.20	50,220.80	25,110.40
22(18)	300,000	10,000	290,000〜	310,000	29,910.0	14,955.0	34,650.0	17,325.0	53,484.00	26,742.00	53,808.00	26,904.00
23(19)	320,000	10,670	310,000〜	330,000	31,904.0	15,952.0	36,960.0	18,480.0	57,049.60	28,524.80	57,395.20	28,697.60
24(20)	340,000	11,330	330,000〜	350,000	33,898.0	16,949.0	39,270.0	19,635.0	60,615.20	30,307.60	60,982.40	30,491.20
25(21)	360,000	12,000	350,000〜	370,000	35,892.0	17,946.0	41,580.0	20,790.0	64,180.80	32,090.40	64,569.60	32,284.80
26(22)	380,000	12,670	370,000〜	395,000	37,886.0	18,943.0	43,890.0	21,945.0	67,746.40	33,873.20	68,156.80	34,078.40
27(23)	410,000	13,670	395,000〜	425,000	40,877.0	20,438.5	47,355.0	23,677.5	73,094.80	36,547.40	73,537.60	36,768.80
28(24)	440,000	14,670	425,000〜	455,000	43,868.0	21,934.0	50,820.0	25,410.0	78,443.20	39,221.60	78,918.40	39,459.20
29(25)	470,000	15,670	455,000〜	485,000	46,859.0	23,429.5	54,285.0	27,142.5	83,791.60	41,895.80	84,299.20	42,149.60
30(26)	500,000	16,670	485,000〜	515,000	49,850.0	24,925.0	57,750.0	28,875.0	89,140.00	44,570.00	89,680.00	44,840.00
31(27)	530,000	17,670	515,000〜	545,000	52,841.0	26,420.5	61,215.0	30,607.5	94,488.40	47,244.20	95,060.80	47,530.40
32(28)	560,000	18,670	545,000〜	575,000	55,832.0	27,916.0	64,680.0	32,340.0	99,836.80	49,918.40	100,441.60	50,220.80
33(29)	590,000	19,670	575,000〜	605,000	58,823.0	29,411.5	68,145.0	34,072.5	105,185.20	52,592.60	105,822.40	52,911.20
34(30)	620,000	20,670	605,000〜	635,000	61,814.0	30,907.0	71,610.0	35,805.0	110,533.60	55,266.80	111,203.20	55,601.60
35	650,000	21,670	635,000〜	665,000	64,805.0	32,402.5	75,075.0	37,537.5				
36	680,000	22,670	665,000〜	695,000	67,796.0	33,898.0	78,540.0	39,270.0				
37	710,000	23,670	695,000〜	730,000	70,787.0	35,393.5	82,005.0	41,002.5				
38	750,000	25,000	730,000〜	770,000	74,775.0	37,387.5	86,625.0	43,312.5				
39	790,000	26,330	770,000〜	810,000	78,763.0	39,381.5	91,245.0	45,622.5				
40	830,000	27,670	810,000〜	855,000	82,751.0	41,375.5	95,865.0	47,932.5				
41	880,000	29,330	855,000〜	905,000	87,736.0	43,868.0	101,640.0	50,820.0				
42	930,000	31,000	905,000〜	955,000	92,721.0	46,360.5	107,415.0	53,707.5				
43	980,000	32,670	955,000〜	1,005,000	97,706.0	48,853.0	113,190.0	56,595.0				
44	1,030,000	34,330	1,005,000〜	1,055,000	102,691.0	51,345.5	118,965.0	59,482.5				
45	1,090,000	36,330	1,055,000〜	1,115,000	108,673.0	54,336.5	125,895.0	62,947.5				
46	1,150,000	38,330	1,115,000〜	1,175,000	114,655.0	57,327.5	132,825.0	66,412.5				
47	1,210,000	40,330	1,175,000〜		120,637.0	60,318.5	139,755.0	69,877.5				

※厚生年金保険に加入している方の厚生年金保険料は、基金ごとに定められている免除保険料率(2.4%〜5.0%)を控除した率となります。

- 一般の被保険者の方 …12.828%〜15.428%
- 坑内員の被保険者の方 …12.936%〜15.536%

加入する基金ごとに異なりますので、免除保険料率および被保険者の掛金については、加入する厚生年金基金にお問い合わせください。

◆介護保険第2号被保険者は、40歳以上65歳未満の方であり、介護保険料率(9.97%)に介護保険料率(1.58%)が加わります。
◆等級欄の( )内の数字は、厚生年金保険の標準報酬月額等級です。
  5(1)等級の「報酬月額」欄は、厚生年金保険の場合「101,000円未満」と読み替えてください。
  34(30)等級の「報酬月額」欄は、厚生年金保険の場合「605,000円以上」と読み替えてください。
◆平成27年度における全国健康保険協会の任意継続被保険者について、標準報酬月額の上限は、280,000円です。

○被保険者負担分(表の折半額の欄)に円未満の端数がある場合
 ①事業主が、給与から被保険者負担分を控除する場合、被保険者負担分の端数が50銭以下の場合は切り捨て、50銭を超える場合は切り上げて1円となります。
 ②被保険者が、被保険者負担分を事業主へ現金で支払う場合、被保険者負担分の端数が50銭未満の場合は切り捨て、50銭以上の場合は切り上げて1円となります。
 (注)①、②にかかわらず、事業主と被保険者の間で特約がある場合には、特約に基づき端数処理をすることができます。

○納入告知書の保険料額
 納入告知書の保険料額は、被保険者個々の保険料を合算した金額になります。ただし、合算した金額に円未満の端数がある場合は、その端数を切り捨てた額となります。

○賞与に係る保険料
 賞与に係る保険料額は、賞与額から1,000円未満の端数を切り捨てた額(標準賞与額)に、保険料率を乗じた額となります。
 また、標準賞与額には上限が設けられており、健康保険は年540万円(毎年4月1日から翌年3月31日までの累計額となります)、厚生年金保険と子ども・子育て拠出金の場合は月間150万円となります。

○子ども・子育て拠出金
 厚生年金保険の被保険者を使用する事業主の方は、児童手当の支給に要する費用の一部として子ども・子育て拠出金を全額負担いただくことになります。この子ども・子育て拠出金の額は、被保険者の厚生年金保険の標準報酬月額および標準賞与額に、拠出金率(0.15%)を乗じて得た額の総額となります。

高年齢雇用継続給付の支給早見表

(単位:円)

60歳以降各月の賃金	60歳到達時賃金（賃金日額×30日分）						
	447,600円以上	40万	35万	30万	25万	20万	15万
33万	3,729	0	0	0	0	0	0
32万	10,272	0	0	0	0	0	0
31万	16,802	0	0	0	0	0	0
30万	23,340	0	0	0	0	0	0
29万	29,870	6,525	0	0	0	0	0
28万	36,400	13,076	0	0	0	0	0
27万	40,500	19,602	0	0	0	0	0
26万	39,000	26,130	0	0	0	0	0
25万	37,500	32,675	8,175	0	0	0	0
24万	36,000	36,000	14,712	0	0	0	0
23万	34,500	34,500	21,252	0	0	0	0
22万	33,000	33,000	27,764	3,278	0	0	0
21万	31,500	31,500	31,500	9,807	0	0	0
20万	30,000	30,000	30,000	16,340	0	0	0
19万	28,500	28,500	28,500	22,876	0	0	0
18万	27,000	27,000	27,000	27,000	4,896	0	0
17万	25,500	25,500	25,500	25,500	11,441	0	0
16万	24,000	24,000	24,000	24,000	17,968	0	0
15万	22,500	22,500	22,500	22,500	22,500	0	0
14万	21,000	21,000	21,000	21,000	21,000	6,538	0
13万	19,500	19,500	19,500	19,500	19,500	13,065	0
12万	18,000	18,000	18,000	18,000	18,000	18,000	0
11万	16,500	16,500	16,500	16,500	16,500	16,500	0
10万	15,000	15,000	15,000	15,000	15,000	15,000	8,170

※平成27年8月1日現在の支給額算定の目安

巻末資料

60歳台前半の在職老齢年金早見表

(単位：万円)

年金月額	総報酬月額相当額													
	9.8	13.0	16.0	19.0	22.0	25.0	28.0	31.0	34.0	37.0	40.0	43.0	46.0	49.0	52.0
1.0	1.0	1.0	1.0	1.0	1.0	1.0	0.5	0.0	0.0	0.0	0.0	0.0	0.0	0.0
2.0	2.0	2.0	2.0	2.0	2.0	2.0	1.0	0.0	0.0	0.0	0.0	0.0	0.0	0.0
3.0	3.0	3.0	3.0	3.0	3.0	3.0	1.5	0.0	0.0	0.0	0.0	0.0	0.0	0.0
4.0	4.0	4.0	4.0	4.0	4.0	3.5	2.0	0.5	0.0	0.0	0.0	0.0	0.0	0.0
5.0	5.0	5.0	5.0	5.0	5.0	4.0	2.5	1.0	0.0	0.0	0.0	0.0	0.0	0.0
6.0	6.0	6.0	6.0	6.0	6.0	4.5	3.0	1.5	0.0	0.0	0.0	0.0	0.0	0.0
7.0	7.0	7.0	7.0	7.0	6.5	5.0	3.5	2.0	0.5	0.0	0.0	0.0	0.0	0.0
8.0	8.0	8.0	8.0	8.0	7.0	5.5	4.0	2.5	1.0	0.0	0.0	0.0	0.0	0.0
9.0	9.0	9.0	9.0	9.0	7.5	6.0	4.5	3.0	1.5	0.0	0.0	0.0	0.0	0.0
10.0	10.0	10.0	10.0	9.5	8.0	6.5	5.0	3.5	2.0	0.5	0.0	0.0	0.0	0.0
11.0	11.0	11.0	11.0	10.0	8.5	7.0	5.5	4.0	2.5	1.0	0.0	0.0	0.0	0.0
12.0	12.0	12.0	12.0	10.5	9.0	7.5	6.0	4.5	3.0	1.5	0.0	0.0	0.0	0.0
13.0	13.0	13.0	12.5	11.0	9.5	8.0	6.5	5.0	3.5	2.0	0.5	0.0	0.0	0.0
14.0	14.0	14.0	13.0	11.5	10.0	8.5	7.0	5.5	4.0	2.5	1.0	0.0	0.0	0.0
15.0	15.0	15.0	13.5	12.0	10.5	9.0	7.5	6.0	4.5	3.0	1.5	0.0	0.0	0.0
16.0	16.0	15.5	14.0	12.5	11.0	9.5	8.0	6.5	5.0	3.5	2.0	0.5	0.0	0.0
17.0	17.0	16.0	14.5	13.0	11.5	10.0	8.5	7.0	5.5	4.0	2.5	1.0	0.0	0.0
18.0	18.0	16.5	15.0	13.5	12.0	10.5	9.0	7.5	6.0	4.5	3.0	1.5	0.0	0.0
19.0	18.6	17.0	15.5	14.0	12.5	11.0	9.5	8.0	6.5	5.0	3.5	2.0	0.5	0.0
20.0	19.1	17.5	16.0	14.5	13.0	11.5	10.0	8.5	7.0	5.5	4.0	2.5	1.0	0.0
21.0	19.6	18.0	16.5	15.0	13.5	12.0	10.5	9.0	7.5	6.0	4.5	3.0	1.5	0.0
22.0	20.1	18.5	17.0	15.5	14.0	12.5	11.0	9.5	8.0	6.5	5.0	3.5	2.0	0.0
23.0	20.6	19.0	17.5	16.0	14.5	13.0	11.5	10.0	8.5	7.0	5.5	4.0	2.5	0.0
24.0	21.1	19.5	18.0	16.5	15.0	13.5	12.0	10.5	9.0	7.5	6.0	4.5	3.0	0.5
25.0	21.6	20.0	18.5	17.0	15.5	14.0	12.5	11.0	9.5	8.0	6.5	5.0	3.5	1.0
26.0	22.1	20.5	19.0	17.5	16.0	14.5	13.0	11.5	10.0	8.5	7.0	5.5	4.0	1.5
27.0	22.6	21.0	19.5	18.0	16.5	15.0	13.5	12.0	10.5	9.0	7.5	6.0	4.5	2.0
28.0	23.1	21.5	20.0	18.5	17.0	15.5	14.0	12.5	11.0	9.5	8.0	6.5	5.0	2.5
29.0	24.1	22.5	21.0	19.5	18.0	16.5	15.0	13.5	12.0	10.5	9.0	7.5	6.0	3.5	0.5
30.0	25.1	23.5	22.0	20.5	19.0	17.5	16.0	14.5	13.0	11.5	10.0	8.5	7.0	4.5	1.5

60歳台後半の在職老齢年金早見表 (単位:万円)

年金月額	総報酬月額相当額														
	9.8	15.0	20.0	25.0	30.0	35.0	40.0	45.0	50.0	55.0	60.0	65.0	70.0	75.0	78.0
1.0	1.0	1.0	1.0	1.0	1.0	1.0	1.0	1.0	0.0	0.0	0.0	0.0	0.0	0.0	0.0
2.0	2.0	2.0	2.0	2.0	2.0	2.0	2.0	2.0	0.0	0.0	0.0	0.0	0.0	0.0	0.0
3.0	3.0	3.0	3.0	3.0	3.0	3.0	3.0	2.5	0.0	0.0	0.0	0.0	0.0	0.0	0.0
4.0	4.0	4.0	4.0	4.0	4.0	4.0	4.0	3.0	0.5	0.0	0.0	0.0	0.0	0.0	0.0
5.0	5.0	5.0	5.0	5.0	5.0	5.0	5.0	3.5	1.0	0.0	0.0	0.0	0.0	0.0	0.0
6.0	6.0	6.0	6.0	6.0	6.0	6.0	6.0	4.0	1.5	0.0	0.0	0.0	0.0	0.0	0.0
7.0	7.0	7.0	7.0	7.0	7.0	7.0	7.0	4.5	2.0	0.0	0.0	0.0	0.0	0.0	0.0
8.0	8.0	8.0	8.0	8.0	8.0	8.0	7.5	5.0	2.5	0.0	0.0	0.0	0.0	0.0	0.0
9.0	9.0	9.0	9.0	9.0	9.0	9.0	8.0	5.5	3.0	0.5	0.0	0.0	0.0	0.0	0.0
10.0	10.0	10.0	10.0	10.0	10.0	10.0	8.5	6.0	3.5	1.0	0.0	0.0	0.0	0.0	0.0
11.0	11.0	11.0	11.0	11.0	11.0	11.0	9.0	6.5	4.0	1.5	0.0	0.0	0.0	0.0	0.0
12.0	12.0	12.0	12.0	12.0	12.0	12.0	9.5	7.0	4.5	2.0	0.0	0.0	0.0	0.0	0.0
13.0	13.0	13.0	13.0	13.0	13.0	12.5	10.0	7.5	5.0	2.5	0.0	0.0	0.0	0.0	0.0
14.0	14.0	14.0	14.0	14.0	14.0	13.0	10.5	8.0	5.0	3.0	0.5	0.0	0.0	0.0	0.0
15.0	15.0	15.0	15.0	15.0	15.0	13.5	11.0	8.5	6.0	3.5	1.0	0.0	0.0	0.0	0.0
16.0	16.0	16.0	16.0	16.0	16.0	14.0	11.5	9.0	6.5	4.0	1.5	0.0	0.0	0.0	0.0
17.0	17.0	17.0	17.0	17.0	17.0	14.5	12.0	9.5	7.0	4.5	2.0	0.0	0.0	0.0	0.0
18.0	18.0	18.0	18.0	18.0	17.5	15.0	12.5	10.0	7.5	5.0	2.5	0.0	0.0	0.0	0.0
19.0	19.0	19.0	19.0	19.0	18.0	15.5	13.0	10.5	8.0	5.5	3.0	0.5	0.0	0.0	0.0
20.0	20.0	20.0	20.0	20.0	18.5	16.0	13.5	11.0	8.5	6.0	3.5	1.0	0.0	0.0	0.0
21.0	21.0	21.0	21.0	21.0	19.0	16.5	14.0	11.5	9.0	6.5	4.0	1.5	0.0	0.0	0.0
22.0	22.0	22.0	22.0	22.0	19.5	17.0	14.5	12.0	9.5	7.0	4.5	2.0	0.0	0.0	0.0
23.0	23.0	23.0	23.0	22.5	20.0	17.5	15.0	12.5	10.0	7.5	5.0	2.5	0.0	0.0	0.0
24.0	24.0	24.0	24.0	23.0	20.5	18.0	15.5	13.0	10.5	8.0	5.5	3.0	0.5	0.0	0.0
25.0	25.0	25.0	25.0	23.5	21.0	18.5	16.0	13.5	11.0	8.5	6.0	3.5	1.0	0.0	0.0
26.0	26.0	26.0	26.0	24.0	21.5	19.0	16.5	14.0	11.5	9.0	6.5	4.0	1.5	0.0	0.0
27.0	27.0	27.0	27.0	24.5	22.0	19.5	17.0	14.5	12.0	9.5	7.0	4.5	2.0	0.0	0.0
28.0	28.0	28.0	27.5	25.0	22.5	20.0	17.5	15.0	12.5	10.0	7.5	5.0	2.5	0.0	0.0
29.0	29.0	29.0	28.0	25.5	23.0	20.5	18.0	15.5	13.0	10.5	8.0	5.5	3.0	0.5	0.0
30.0	30.0	30.0	28.5	26.0	23.5	21.0	18.5	16.0	13.5	11.0	8.5	6.0	3.5	1.0	0.0

(年金月額の計算には、加給年金および経過的加算は含まれず、老齢厚生年金の報酬比例部分のみの年金月額としています)

在職老齢年金の支給停止早見表

(単位:千円)

標準報酬月額 (60歳到達時賃金月額)	年金停止・減額率
75.00%以上	0.00%
74.00%	0.35%
73.00%	0.72%
72.00%	1.09%
71.00%	1.47%
70.00%	1.87%
69.00%	2.27%
68.00%	2.69%
67.00%	3.12%
66.00%	3.56%
65.00%	4.02%
64.00%	4.49%
63.00%	4.98%
62.00%	5.48%
61.00%未満	6.00%

「高齢者の再雇用賃金の決定ステップ」

「ステップ1」

この方の**再雇用評価率を決める**

　その1　再雇用評価率が100％の時

　　60歳直前賃金　　　　万円×100％＝　　　　万円

　その2　再雇用評価率が70％の時

　　60歳直前賃金　　　　万円×70％＝　　　　万円

　その3　再雇用時評価率が50％の時

　　60歳直前賃金　　　　万円×50％＝　　　　万円

（60歳直前賃金には通勤手当・家族手当など属人的な手当を除いて計算）

「ステップ2」

新賃金内訳が決まる

その1の時	基本給　　万円	家族手当　　万円		
	通勤手当　　万円	合計　　万円		
その2の時	基本給　　万円	家族手当　　万円		
	通勤手当　　万円	合計　　万円		
その3の時	基本給　　万円	家族手当　　万円		
	通勤手当　　万円	合計　　万円		

「ステップ3」

再雇用賃金で再雇用者が合意するかどうか話し合う。

老齢年金とか高年齢雇用継続給付を受給したいので、提案賃金を減額してほしいとの希望があれば再設計する。

どうしても提案賃金で合意できなければ、定年退職の手続きとなる。

「ステップ4」

合意した賃金で退職金月額単価を決める

その1の時は　退職金月額単価　　　　　円

その2の時は　退職金月額単価　　　　　円

その3の時は　退職金月額単価　　　　　円

「ステップ5」

年金と高年齢雇用継続給付を希望した方の賃金を決める

「ステップ6」

雇用契約書を交わす

再雇用評価率　　％のとき
再雇用前賃金　　万円

再雇用評価率 ％のとき	60歳から 歳まで	歳から 65歳まで	65歳から 70歳まで
新賃金 （賞与はないものとする）			
高年齢雇用 継続給付			
老齢年金		_____	
収入合計			
健康保険			
厚生年金			
雇用保険			
所得税			
控除合計			
合計			

再雇用労働契約書

契約期間	自平成　　年　　月　　日　至平成　　年　　月　　日　又は　期間の定めなし
就業場所	
従事すべき業務の内容	
勤務時間	始業・就業の時刻　　　　時　　分　より　　　　時　　分まで 休憩時間　　　時　　分　より　　　時　　分まで 　　　　　　　時　　分　より　　　時　　分まで
休日	曜日、国民の祝日、その他（勤務時間・休日は業務の都合で変更することがある）
賃金	給与区分　月給又は時給　再雇用評価率により更新時増減変動することがある 基本給　月給又は時給　　　　　　　　円（再雇用評価率により定める） 諸手当　家族手当　　　　円（扶養でなくなれば支給しない） 　　　　手当　　　　円 　　　　通勤手当　1. 全額支給　2. 定額支給　　　　円 割増賃金率　労働基準法に従い支払う。　実働8時間を超えた法定時間外25％など 社会保険加入状況　社会保険（勤務時間が正社員の4分の3未満となるとき加入できなくなります） 　　　　　　　　　雇用保険（勤務時間が週20時間未満のとき加入できなくなります） 　　　　　　　　　労災保険全員加入 有給休暇　労働基準法に従い与える。 その他条件　賞与（有・無）　昇給（有・無）　退職金（有・無） 締切日／支払日　毎月　　日　締切／（当・翌）月　　日　支払 有期契約の時の更新条件　無（更新はしない）・有（解雇等に該当しない者は、本人の希望があれば原則65歳まで更新するものとする。勤務成績・勤務内容等による再雇用評価率により賃金は見直すものとする）
その他	労働契約期間中に自己都合退職で退職するときはおそくとも14日前までに、会社に報告し承諾を得なければならない。会社の従業員としての適格性にかけるときや、就業規則の解雇理由に該当するときは、契約期間中でも解雇することがある。雇用管理の改善等に関する事項の窓口は社長とする。

　　年　　月　　日

　　　　　　　　労働者　氏名　　　　　　　　　　　　　㊞
　　　　　　　　　　　　所在地

　　　　　　　　事業主　名称
　　　　　　　　　　　　氏名　　　　　　　　　　　　　㊞

「第二 退職金の計算と支払い方」

(適用範囲と考え方)
第1条　この規程の適用には、高年齢再雇用者又は高年齢者の新規雇用に適用するものとする。なお、当社の退職金を支給するときは、モチベーションの維持と勤続への感謝として支給するものとする。

(退職金の算定方式)
第2条　退職金は加入月額単価方式で、再雇用・新規雇用からの在職月数に応じて、再雇用・新規雇用時に定められた月額単価の勤務月数分支給するものとする。月額単価は3,000円から5,000円の範囲内で再雇用・新規雇用の賃金額で個人ごとに定めるものとする。

(退職金額)
第3条　当該規程の適用を受ける再雇用・新規雇用の高年齢者が1ヶ月以上勤務した場合であって、次の各号のいずれかに該当する事由により退職したときは、再雇用・新規雇用からの勤務月数に月額単価をかけたものを支給するものとする。

　(1)　更新の契約期間満了により退職したとき
　(2)　65歳に達したとき
　(3)　業務外の私傷病により担当職務に耐え得ないと認めたとき

(4) 業務上の私傷病によるとき

   (5) 会社都合によるとき

  2　再雇用・新規雇用高年齢者が、次の各号のいずれかに該当する事由により退職したときは、前項の8割を支給するものとする。

   (1) 自己都合により契約期間中に退職するとき

   (2) 休職期間が満了して復職できないとき

(退職金の減額)

第4条　懲戒処分があった場合には退職金の不支給若しくは減額をすることがある。

(勤続年数の計算)

第5条　第2条の勤続月数の計算は、雇い入れた月から退職の月までとし、1月に満たない端数月は切り上げる。

  2　休職期間及び業務上の負傷又は疾病以外の理由による欠勤が1ヶ月を超えた期間は勤続月数に算入しない。

(退職金の支払方法)

第6条　退職金は、会社が再雇用者・新規雇用高年齢者（当事者が死亡した場合はその遺族）に支給する。

  2　退職金の支給は原則社長が直接支給するものとする。

(退職金の加算)

第7条　在職中の勤務成績が特に優秀で、会社の業績に功労顕著であったと会社が認めた再雇用・新規雇用高年齢者に対し、退職金を特別に加算して支給することがある。

この規則は　平成　　年　月　　日から施行するものとする。

著者紹介

三村　正夫（みむら・まさお）

1955年福井市生まれ。
芝浦工業大学卒業後、昭和55年日本生命保険相互会社に入社し、販売関係の仕事に22年間従事した。その後、平成13年に石川県で独立し、開業15周年を迎える。就業規則の作成指導は開業時より積極的に実施しており、県内の有名大学・大企業から10人未満の会社まで幅広く手がける。信念は「人生は自分の思い描いたとおりになる」
その他特定社会保険労務士・行政書士など22種の資格を取得
㈱三村式経営労務研究所　代表取締役
三村社会保険労務士事務所　所長
　著書に「サッと作れる零細企業の就業規則」「サッと作れる小規模企業の賃金制度」「サッと作れる小規模企業の人事制度」「サッと作れるアルバイト・パートの賃金・退職金制度」(経営書院)「マンション管理人の仕事とルールがよくわかる本」「誰でも天才になれる生き方・働き方」「熟年離婚と年金分割熟年夫のあなた、思い違いをしていませんか」「生の年金・死の年金　死亡時期でこんなに変わる年金受給」（セルバ出版）など

サッと作れる
小規模企業の高齢再雇用者賃金・第二退職金

2016年6月5日　第1版第1刷発行　　定価はカバーに表示してあります。

著　者　三　村　正　夫

発行者　平　　盛　之

㈱産労総合研究所

発行所　出版部　経営書院

〒112-0011
東京都文京区千石4—17—10　産労文京ビル
電話03(5319)3620　振替 00180-0-11361

落丁・乱丁はお取替えいたします　　印刷・製本　中和印刷株式会社
ISBN978-4-86326-216-4